KB019152

신입 때 알았더라면 좋았을

보고서
잘 쓰는 법

신입 때 알았더라면 좋았을

보고서
잘 쓰는 법

- 잘나가는 대기업 출신
- 일잘러 선배의
- ★특급 클래스★

신가영 지음

메가스터디BOOKS

일 잘하는 선배의 보고서 작성 노하우, 오늘 배워 내일 써먹자!

우리네 회사 생활은 주간 보고, 기안서, 제안서, 회의록 등 보고서로 시작해 보고서로 끝난다. 하지만 회사의 어느 누구도 어떻게 보고서를 쓰는지, 왜 이렇게 보고서를 써야 하는지 알려주지 않는다. 그렇기에 보고서 작성은 대체로 너무 어렵고도 힘들다. 필자가 이 책을 쓴 이유다.

이 책은 보고서 때문에 어려움을 겪는 모든 직장인을 위한 보고서 작성 지침서다. 아직 보고서를 어떻게 써야 하는지 감이 잡히지 않은 사회 초년생부터 회사에서 보고서를 쓸 일이 가장 많은 중간관리자까지, 모두에게 유용한 노하우를 한 권에 담았다.

IT 그룹사에서 사장단을 대상으로 하는 보고서 작성 업무를 총괄 담당하며 최우수 고과를 받아 우수 사원으로도 선정되었던 필자가 실무에서 보고서를 작성했던 방식 그대로를 담았다. 업무 지시를 받은 그 순간부터 보고서 작성을 마무리하기까지, 어떤 절차를 거쳐 보고서를 작성하게 되는지, 작성 단계별로 어떤 점을 유의해야 하는지 구체적인 사례를 들어 설명한다.

이 책은 총 4장으로 구성되어 있다. 1장 '방향이 잡힌, 잘 만든 보고서'에서는 잘 만든 보고서의 정의를 살펴봄으로써 회사 내에서 쓰이는 보고서의 지향점을 제시한다. 또한 잘 만든 보고서를 작성하기 위한 첫 번째 단계인 보고 의도 파악하기를 설명하면서 처음 업무 지시를 받게 될 때 확인해야 하는 사항들을 알려준다.

2장 '헷갈리지 않는, 명확한 보고서'에서는 본격적으로 보고서를 작성하면서 보고서 안에서 핵심 메시지를 도출하고, 보고서의 스토리라인을 잡는 법에 대해 설명한다. 특히 기획서, 제안서, 회의록 등 문서 유형에 따라 반드시 포함되어야 하는 내용과 그 구성을 소개한다.

3장 '반박할 수 없는, 똑똑한 보고서'에서는 보고서 내용을 뒷받침할 자료 수집 방법에 대해 설명한다. 어떤 자료를 어떻게 수집해야 하는지, 또 그 자료들을 관리하는 방법은 무엇인지에 대해 자세히 살펴본다.

4장 '한눈에 읽히는, 깔끔한 보고서'에서는 보고서를 시각화하는 방법에 대해 풀었다. 작성하고자 하는 보고서의 특징 또는 전달하고자 하는 메시지에 따른 효율적인 시각화 방법에 대해 아주 구체적인 팁들을 공유한다. 이렇게 책을 차근차근 읽으며 따라 하다 보면 독자 여러분만의 '잘 만든 보고서'가 완성되어 있을 것이다.

더불어 각 장이 끝날 때마다 필자가 직장생활을 하며 후배나 동료 직원들에게 자주 들었던 질문들에 대해 속 시원하고 구체적으로 대답해주는 FAQ와 TIP 코너를 넣었다. 독자 여러분이 보고서를 작성하면서 혹은 회사생활을 하면서 품었던 궁금증을 해결하는 데 도움이 될 것이다.

오늘 배운 보고서 작성 노하우, 내일 당장 회사에서 써먹어보자!

신가영

1장

방향이 잡힌,
잘 만든 보고서

한 번에 통과되는
보고서는 뭐가 다를까

업무 지시를 받으면 세 가지를 파악하세요

"VIP 고객 대상 초청 세미나 진행 현황 좀 정리해주세요."

어느 날 여러분이 상사로부터 이러한 업무 지시를 받았다. 어떤 것부터

시작해야 할까?

① PPT 프로그램을 연다.

② 진행 사항을 조사한다.

③ 이전에 선배들이 작성한 보고서를 찾는다.

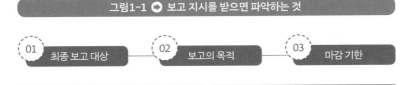

그림1-1 ▶ 보고 지시를 받으면 파악하는 것

| 01 최종 보고 대상 | 02 보고의 목적 | 03 마감 기한 |

보고 업무 지시를 받으면 최종 보고는 누구에게 하는지,
보고의 목적은 무엇인지,
기한은 언제까지인지를 파악해야 한다.

필자는 이러한 업무 지시를 받으면 최종 보고는 누구에게 하는지, 이 보고의 목적은 무엇인지, 보고 기한은 언제인지를 먼저 파악한다. PPT 프로그램을 열거나 진행 사항을 조사하거나 과거의 보고서를 찾아보기 전에 말이다. 왜냐하면 보고서란 보고 대상과 목적, 마감 기한에 따라 방향성이 완전히 달라지기 때문이다.

최종 보고 대상

예를 들어 최종 보고 대상이 팀장님일 때와 사장님일 때는 보고서가 달라질 수밖에 없다. 최종 보고 대상이 팀장님일 때에 비해 사장님일 때의 보고서는 보고 절차와 양식, 내용에 더 많은 리소스를 할애하게 될 것이다.

보고의 목적

보고의 목적은 이 보고를 내게 지시한 사람의 '니즈', 즉 그가 무엇을 필요로 하는가에 따라 달라진다. 앞서 말한 "VIP 고객 대상 초청 세미나 진행 현황 좀 정리해주세요."라는 지시 그대로 예를 들어보자. 상사의 지시 이유가 정말 지시대로 세미나의 진행 현황만 확인하기 위해서인지, 혹은 어떤 예외적인 이유(코로나19 같은 기타 원인 때문에 행사의 우선순위가 밀리면서 예산을 조정하기 위해서 등)가 있어서인지에 따라 보고의 목적은 달라질 것이다. 그 이유가 만약 전자라면 보고서는 최초 예산과 진행 사항, 소진 예산 위주로 정리하면 되고, 후자라면 진행 현황에다가 조정 가능한 예산 규모까지 정리해야 한다.

마감 기한

마감 기한 역시 업무의 우선순위를 설정하는 데 중요한 요소다. 당연하지만 마감 기한 외 모든 조건이 동일하다고 가정할 때, 만약 보고서의 마감 기한이 촉박하다면 해당 업무의 우선순위를 높여야 한다. 하지만 반대로 어느 정도 기한에 여유가 있다면 다른 중요하고 긴급한 업무를 우선적으로 처리하는 것이 좋다.

많은 사람이 보고서를 작성할 때 보고를 지시한 사람의 의도 파악 없이 바로 자료부터 찾거나 기존의 보고서를 뒤적인다. 이는 어찌 보면 당연하다. 우리가 보고서 작성 프로세스에 대해 한 번도 제대로 배운 적이 없기 때문이다.

이 책은 그래서 쓰였다. 눈대중으로 어찌어찌 해왔지, 한 번도 보고서 작성 방법을 정확하게 배운 적 없는 사람들을 위해 만들어졌다. 쉽게 이해할 수 있으면서도 실무에서 바로 활용할 수 있도록 필자가 실제로 보고서를 작성할 때 사용하는 프로세스와 방법 그대로 구성했다. 이 책을 차근차근 읽고 따라 하다 보면 효율적이고 논리적인 보고서 작성 프로세스를 이해하고 이를 실전에서 적용하는 데 도움이 될 것이다.

본격적인 보고서 작성 프로세스를 설명하기에 앞서, 잘 만든 보고서의 정의부터 설명하고자 한다. 필자는 잘 만든 보고서란 결국 보고받는 사람의 니즈를 충족시킨 보고서라고 생각한다. 즉 '보고하는 사람'이 아니라 '보고받는 사람'의 니즈를 잘 알아챌수록 좋은 보고서, 한 번에 통과되는 보고서가 나오는 것이다.

보고서는 내가 아니라 보고받는 사람 입맛에 맞추는 겁니다

그렇다면 왜 보고하는 내가 아니라 보고받는 사람의 니즈가 중요할까?

첫 번째 이유는 커뮤니케이션의 최종 메시지는 수신자, 즉 보고받는 사람의 해석에 의해 완성되기 때문이다. 보고서도 결국 커뮤니케이션 방식 중 하나다. 미국의 정보이론 선구자이자 과학자인 클로드 섀넌과 워런 위버가 1949년 고안한 '커뮤니케이션 모형'에 따르면 커뮤니케이션의 마지막 단계는 바로 수신자의 해석과 피드백이다. 그만큼 커뮤니케이션에서 수신자가 중요한 것이다.

예를 들어 여러분이 일이 너무 많아 팀장님께 업무 조정을 해달라 이야

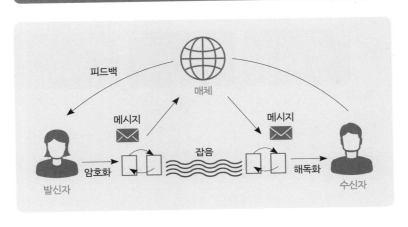

그림1-2 ● 섀넌과 위버의 커뮤니케이션 모형(1949)

기했다고 가정해보자. 이럴 때 여러분의 팀장님은 '원래 일도 잘하고 열심히 하는 친구인데, 이렇게까지 얘기하는 걸 보면 정말 일이 많은가 보다.'라고 생각할 수도 있고, '다른 팀원에 비해서 일이 많은 건 아닌 것 같은데….'라고 생각할 수도 있다. 우리는 '일이 많다'는 하나의 메시지를 전달했음에도 불구하고 팀장님은 이렇게 다르게 받아들일 수 있는 것이다. 그 이유는 하나의 메시지를 이야기하더라도 듣는 사람이 자신의 성격이나 가치관, 경험 등을 기반으로 그 메시지를 다양하게 해석하기 때문이다. 이렇듯 커뮤니케이션을 할 때는 결국 수신자의 해석으로 메시지가 완성되기 때문에 보고서를 작성할 때는 특히 수신자, 즉 보고받는 사람이 무엇을 필요로 하는지 정확히 파악하는 게 중요하다.

보고받는 사람의 니즈를 파악해야 하는 두 번째 이유는 보고받는 사람

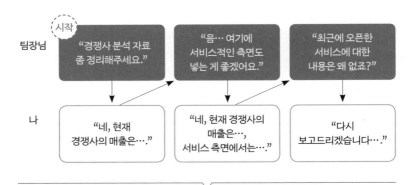

그림1-3 ➡ 보고받는 사람의 니즈를 파악하지 못한 예

팀장님

<시작>
"경쟁사 분석 자료 좀 정리해주세요."

"음… 여기에 서비스적인 측면도 넣는 게 좋겠어요."

"최근에 오픈한 서비스에 대한 내용은 왜 없죠?"

나

"네, 현재 경쟁사의 매출은…."

"네, 현재 경쟁사의 매출은…, 서비스 측면에서는…."

"다시 보고드리겠습니다…."

팀장님의 컨펌 없이는 보고서 작성을 끝낼 수 없다.

이 보고서의 시작과 끝을 결정하기 때문이다. 대부분의 보고는 보고받는 사람의 업무 지시로 시작해서 그 사람의 확인, 즉 컨펌으로 끝난다.

예를 들어 그림1-3처럼 팀장님이 "경쟁사 분석 자료 좀 정리해주세요."라는 보고 지시를 내렸다고 가정해보자. 이때 우리는 경쟁사 매출을 정리해서 보고한다. 그런데 팀장님은 경쟁사의 매출뿐만 아니라 서비스적인 측면도 추가하라고 한다. 피드백을 반영해 다시 보고했지만 이번에도 통과되지는 못한다. 보고서에 최근에 오픈한 서비스 이야기가 빠졌기 때문이다.

이렇듯 팀장님의 컨펌 없이는 보고서 작성을 끝낼 수 없다. 만약 그림 1-4처럼 처음부터 팀장님이 원하는 대로 경쟁사의 매출뿐만 아니라 최근 오픈한 서비스를 포함한 모든 서비스적 측면까지 정리했다면 보고는 한

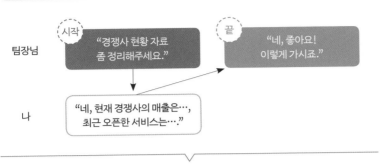

그림1-4 ▶ 보고받는 사람의 니즈를 파악한 예

팀장님

<시작>
"경쟁사 현황 자료 좀 정리해주세요."

<끝>
"네, 좋아요! 이렇게 가시죠."

나

"네, 현재 경쟁사의 매출은…, 최근 오픈한 서비스는…."

처음부터 팀장님이 원하는 대로 정리해서 갔다면 한 번에 끝날 수 있었다.

번에 끝날 수도 있었다.

즉 '최종 메시지는 보고받는 사람의 해석에 의해 완성된다'는 것과 '보고받는 사람이 보고서의 시작과 끝을 결정한다'는 것, 이 두 가지 이유로, 잘 만든 보고서를 작성하기 위해서는 보고하는 사람인 내가 아니라 보고받는 사람의 니즈를 충족시키는 것이 중요하다. 보고받는 사람의 니즈, 즉 의도를 충족시켜야 보고서에 어떤 메시지를 전달해야 할지 파악이 되고, 그 의도를 잘 파악해야 보고서를 작성할 때 여러 번 수정하지 않아도 되어 보고서 작성 리소스를 최소화할 수 있기 때문이다.

다른 예시를 한 번 더 보자. 어느 날 팀장님이 김 사원과 이 사원에게 "법인영업1팀 목표 달성 현황 좀 정리해주세요."라는 요청을 했다. 이때 김 사원과 이 사원이 각각 이렇게 대답한다.

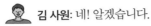 **김 사원**: 네! 알겠습니다.

이 사원: 팀장님, 혹시 어떤 목적인지, 누구를 대상으로 보고하는지, 언제까지 작성해야 하는지 알 수 있을까요? 보고서 작성할 때 방향 설정에 도움이 될 것 같아 여쭙습니다.

혹시 이 대화만 보고도 어떤 사람이 쓴 보고서가 한 번에 통과될 것 같은지 알 것 같은가? 두 사람의 보고 내용을 좀 더 살펴보자.

김 사원: 프로젝트A 목표 달성률 105%, 프로젝트B 목표 달성률 97%로 법인영업1팀의 목표 달성률은 총 102%입니다.

이 사원: 법인영업1팀은 목표 100억 대비 2억(102%)을 초과 달성해 연초 합의한 바와 같이 초과 달성분의 30%인 6천만 원 내에서 인센티브 지급이 검토되어야 합니다.

김 사원은 목표 달성률 자체에 포커스를 맞춘 반면에 이 사원은 목표 초과 달성액과 인센티브 지급 규모에 초점을 맞췄다.

그럼 다시 질문해보겠다. 어떤 사원의 보고가 팀장님이 딱 원하던 대답이었을까?

이 답을 찾기 위해서는 맨 처음 팀장님이 어떤 의도로 업무를 지시했는지가 제일 중요하다. 업무 지시를 받는 순간 보고 대상자와 목적, 마감 기한을 체크한 이 사원에게 팀장님은 이렇게 대답했다.

팀장님: 아 그거, 인사팀에서 법인영업1팀 인센티브 지급 규모에 대한 백업자료 요청하셔서 그쪽에 전달할 거예요. 인사팀에서 급하다고 해서 모레 퇴근 전까지는 정리 부탁드립니다.

즉 팀장님의 의도는 법인영업1팀의 목표 초과 달성액을 확인하고 그에 따른 인센티브 지급 규모를 정리해 인사팀에 공유하기 위한 것이었다. 그럼 이제 답은 나왔다. 팀장님이 최초로 업무를 지시했을 때, 지시 그대로 목표 달성률 자체를 확인한 김 사원보다는 지시 의도를 명확하게 파악해 목표 초과 달성액뿐만 아니라 인센티브 지급 규모까지 정리해준 이 사원이 팀장님이 딱 원하는 답, 즉 한 번에 통과되는 보고를 내놓은 것이다.

물론 김 사원의 보고 내용도 전혀 틀리지 않았다. 하지만 김 사원의 보고 내용을 최종 보고 대상인 인사팀에 전달하기 위해서는 팀장님이 추가로 연초 합의했던 인센티브 지급 기준에 대해서 확인하고, 초과 달성분을 체크해서 인센티브 지급 규모까지 따로 정리해야 한다. 반면 이 사원의 보고는 이 사원이 준 그대로 인사팀에 전달해도 되는 것이다. 결국 김 사원의 보고는 팀장님 입장에서는 손이 한 번 더 가게 되기 때문에 김 사원보다는 이 사원의 보고가 팀장님이 더 원하는 답이었으리라 생각해볼 수 있다. 참고로 이 예시에서 팀장님이 처음부터 지시를 명확하게 해주는 경우는 고려하지 않았다. 실제 필자의 경험을 돌아보더라도 처음부터 업무를 명확하게 지시해주는 팀장님은 그리 많지 않다.

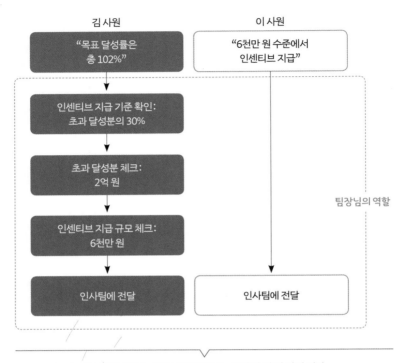

그림1-5 ➡ 김 사원과 이 사원 각각의 보고에 따른 팀장님의 역할

김 사원

"목표 달성률은
총 102%"

인센티브 지급 기준 확인:
초과 달성분의 30%

초과 달성분 체크:
2억 원

인센티브 지급 규모 체크:
6천만 원

인사팀에 전달

이 사원

"6천만 원 수준에서
인센티브 지급"

팀장님의 역할

인사팀에 전달

김 사원의 보고는 팀장님 입장에서는 손이 한 번 더 가게 된다.
따라서 김 사원보다는 이 사원의 보고가
팀장님이 더 원하는 답이었으리라 생각해볼 수 있다.

보고 의도 파악의 첫 번째, 보고받는 사람 파악하기

보고서 작성은 보통 이렇게 진행됩니다

일반적인 보고서 작성 프로세스는 다음과 같다. 첫째, 보고 의도를 파악한다. 둘째, 의도에 따라 보고서의 메시지를 도출하고 보고서 구성을 짠다. 셋째, 보고서 구성 항목(목차)별 필요한 자료를 수집해 내용을 채운다.

그림1-6 ➡ 일반적인 보고서 작성 프로세스

의도 파악하기 → 메시지 & 구성 잡기 → 자료 수집하기 → 시각화하기

그림1-7 ⊙ 잘 만든 문서의 정의

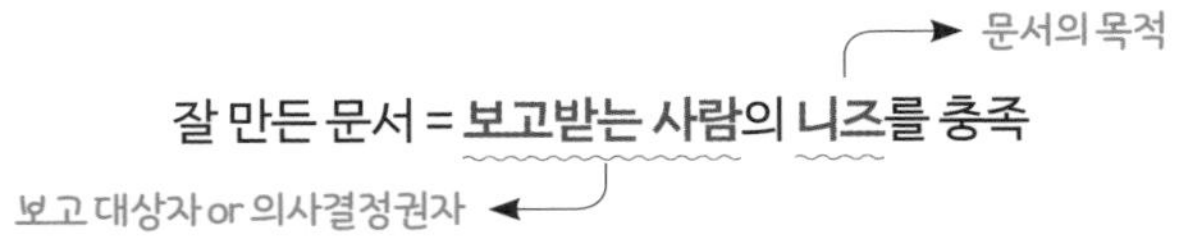

→ 문서의 목적

잘 만든 문서 = 보고받는 사람의 니즈를 충족

보고 대상자 or 의사결정권자 ←

‘의도 파악하기’에서는 보고받는 사람이 누구인지,
보고의 목적은 무엇인지 파악해야 한다.

넷째, 이를 시각화하며 마무리한다.

보고서 작성의 첫 단계를 ‘의도 파악하기’로 하는 이유는 앞서 설명했듯 잘 만든 보고서란 보고받는 사람의 니즈를 충족한 보고서이기 때문이다. 처음부터 보고받는 사람의 니즈 즉, 보고서의 의도를 제대로 파악하지 않는다면 보고서의 방향성이 잘못 설정되어 최악의 경우 처음부터 보고서를 다시 써야 할 수도 있다. 그렇기에 보고 의도 파악하기는 보고서 작성에서 제일 먼저 선행되어야 한다.

그렇다면 의도 파악하기 단계에서 우리는 무엇을 파악해야 할까? 답은 잘 만든 문서의 정의(그림1-7)에 있다. 바로 보고받는 사람이 누구인지, 보고의 목적은 무엇인지 파악하는 것이다.

보고받는 사람의 특징 파악하기

먼저 보고받는 사람, 즉 최종 보고 대상에 대해서 살펴보자. 이 책에서는 보고 대상을 프로젝트 내 역할, 배경지식, 직책, 보고 스타일까지 총 4가지 요소로 구분해서 설명하고자 한다. 각각의 요소가 보고서에 어떻게 영향을 미치는지 예시를 통해 살펴보자.

프로젝트 내 역할

여기 IT회사 신규 서비스 기획자인 김 사원이 있다. 신규 서비스를 오픈하기 위해서는 다양한 유관부서에 업무 협조 요청이 필요하다. 이때 서로 역할이 완전히 다른 개발팀과 CS팀에 각각 업무 협조 요청을 한다고 가정해보자. 개발팀의 경우 프로그램을 개발하는 역할을 가지고 있고, 이를 수행하기 위해 어떤 스펙의 어떤 기능이 필요한지 화면 단위별로 상세하게 설명이 필요할 것이다. 반면 CS팀은 각각의 화면 단위별 상세한 설명보다는 고객 지원을 위해 자주 묻는 질문이나 개괄적인 서비스 개요 및 흐

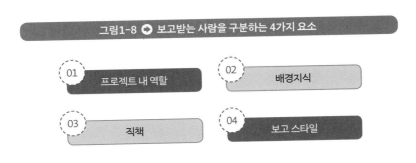

그림1-8 ❯ 보고받는 사람을 구분하는 4가지 요소

01 프로젝트 내 역할
02 배경지식
03 직책
04 보고 스타일

름을 설명하는 것이 더 중요할 것이다. 이렇듯 보고서를 작성할 때는 보고받는 사람의 역할을 고려해야 한다.

배경지식

같은 회사, 같은 팀에 있더라도 사람마다 각자 어떤 업무를 담당하는지, 어떤 업계 출신인지, 연차가 어떻게 되는지에 따라 그 사람이 가지고 있는 배경지식이 다를 것이다. 이 차이로 인해 보고 대상에 따라 보고서의 흐름이나 디테일이 달라질 수 있다. 사실 사람마다 가지고 있는 배경지식은 한 번에 파악하기 어렵다. 업무를 진행하면서 그 사람을 조금씩 알아가야 하는 부분이라 상대에 대한 데이터를 장기적으로 쌓는다고 생각하는 것이 좋다. 예를 들어보자.

IT회사 신규 서비스 기획자인 김 사원이 법무 검토가 필요해 법무팀 최 대리와 박 차장에게 검토 요청을 하려고 한다. 법무팀 최 대리는 법무 업무 경력은 2년으로 짧지만 박 차장보다 입사한 지도, IT업계에 몸담은 지도 상대적으로 오래되었다. 그래서 산업이나 회사 내부 업무 프로세스는 박 차장보다 최 대리가 더 잘 알 가능성이 높기 때문에 최 대리에게 업무 프로세스에 대한 자세한 설명은 크게 필요하지 않을 수 있다. 반면 박 차장은 법무 업무 경력은 오래되었지만 IT업계와 우리 회사에서의 경험은 다소 부족하기 때문에 서비스에 대해 설명할 때도 용어 등을 최대한 쉽게 풀어서 설명하는 게 좋다. 필자의 경우에도 이런 배경지식 차이를 고려하지 못하고 보고서를 쓸 때 특정 업계 용어를 따로 설명하지 않았았는데,

표1-1 ⊙ 배경지식에 따른 보고받는 사람 비교

	최 대리	박 차장
출신	IT업계 N사	건설업계 D사
입사	2년 차	3개월 차
법무 업무 경력	2년 차	12년 차
산업과 회사 이해도	높음	낮음
서비스 기획 이해도	높음	낮음
법무 업무 이해도	낮음	높음

이후에 용어가 익숙하지 않은 분들이 있다는 것을 알고 보고서에 별도로 설명을 추가한 적이 있다.

직책

직책으로 보고받는 사람을 구분하는 이유는 직책이 높은 사람이 보고서 작성을 시킬수록 더 열심히 해야 되기 때문만은 아니다. 그보다는 직책이 올라갈수록 일을 바라보는 관점이 점점 확대되기 때문이다. 일반적인 기업에서 팀장은 팀원을 관리하는 책임과 역할을, 대표는 회사 전체를 관리하는 책임과 역할을 가지고 있다.

예를 들어 이번에는 김 사원이 신규 서비스 진행 여부를 승인받아야 한다고 가정해보자. 28쪽 그림1-9의 조직도에서도 알 수 있듯, 일반적인 기업 안에서 팀장은 팀 내 리소스를 관리하고 팀의 방향성을 관리하기 때

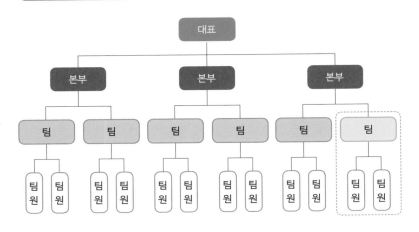

그림1-9 ◑ 일반적인 기업의 조직도

문에 상대적으로 회사 전사적 관점보다는 팀 자체의 성과에 더 관심이 많고, 팀 간 R&R(Role and Responsibilities, 역할과 책임)이나 실무 프로세스에 더욱 집중할 것이다. 따라서 팀장에게 보고할 때는 각 팀별 R&R과 담당자, 일정 등 실무 프로세스에 대한 디테일한 설명이 필요하다. 반면 대표의 경우 상대적으로 전사적인 목적과 효과에 더 관심이 많을 것이다. 따라서 각 팀별 R&R이나 실무 프로세스보다는 이 서비스가 시행되면 회사에 전체적으로 어떤 손익 효과와 사업적 성과가 생기는지, 회사가 어떤 전략으로 해당 서비스를 공략해야 하는지에 대해 중점적으로 설명하는 것이 좋다.

보고 스타일

아래는 보고받는 사람이 선호하는 보고 스타일을 파악하기 위한 4가지 질문이다. 상사가 자주 하는 말에 따라 상사를 어떻게 공략해야 하는지 정리했다. 우리 팀장님과 이사님을 생각하면서 마음속으로 답변해보자.

① 디테일을 중요시하는가?

자주 하는 말: "여기 여백이 안 맞는데요?" "연도를 표현할 때 'FY22' '22년' '2022년' 중에 하나로 통일해주세요." "천 단위에 콤마(,)가 없네요."

공략 방법: 디테일을 중요시하는 분이라면 최대한 상세하게 이런 메시지가 어떻게 나오게 되었는지 지표나 백데이터를 준비한다. 오타나 잘못된 수식 및 디자인 요소의 통일에 신경 써야 한다.

② 결론만 보고 싶어 하는가?

자주 하는 말: "바쁘니까 결론만 말해주세요." "그래서 무슨 말이 하고 싶은 거예요?"

공략 방법: 과정보다는 결론을 중시하는 분이라면 보고서를 통해서 말하고 싶은 메시지를 한 줄로 말할 수 있을 정도로 짧게 정리해 가는 것이 좋다. 또한 세부 지표나 백데이터는 첨부로만 반영하되, 따로 설명을 요청하거나 질문하지 않았다면 넘어가도 된다.

③ 항상 질문하는 내용이 있거나 어떤 보고서든 무조건 들어가야 한다고 생각하는 항목이 있는가?

자주 하는 말: "이때 왜 이렇게 늘었나요?(또는 줄었나요?)" "제안서를 작성할 때는 맨 마지막 페이지에 제안 내용을 한 페이지로 정리해서 넣어주세요."

공략 방법: 평소에 보고받는 사람이 매번 질문하는 내용들이나 추가하라고 하는 항목들을 메모해둔 후, 보고서를 작성할 때 무조건 반영해야 한다. 만약 보고서에 반영이 어렵다면 구두로라도 설명할 수 있도록 준비를 미리 해둔다. 또한 제출 전에 이 항목들 중 반영되지 않은 것은 없는지 한 번 더 체크하는 것이 좋다.

④ 잘 썼다고 평가하는 보고서가 있는가?

자주 하는 말: "A팀에서 작성한 보고서, XXX가 좋은 것 같은데 참고하세요~." "A팀 아무개는 보고서를 참 잘 쓰는 것 같아요."

공략 방법: 보고받는 사람이 잘 썼다고 평가하는 보고서들은 잘 보관해두고 자주 보는 습관을 들인다. 어떤 디자인적 특징이 있는지, 논리는 어떻게 풀어가는지, 어떤 자료를 어떻게 사용하는지를 파악한다. 또한 이 보고서들 사이에 어떤 공통점이 있는지 분석해보고, 내 보고서를 작성할 때 벤치마킹해본다.

"초과 근무 수당이 최근에 너무 많이 나오는데, 원인과 대응 방안 좀 정리해주세요"

상사로부터 "초과 근무 수당이 최근에 너무 많이 나오는데, 원인과 대응 방안 좀 정리해주세요."라는 지시를 받았다. 이에 대해 보고받는 사람을 아래와 같이 가정해보자.

- **보고받는 사람**
  - ① 프로젝트 내 역할: 인사관리, 급여관리, 교육 등 전사적인 인사 총괄
  - ② 보유하고 있는 배경지식: 입사 15년 차, 인사 업무 20년 차
  - ③ 직책: 인사팀장
  - ④ 보고 스타일: 디테일을 중시하며, 인건비 추출 기준에 대해서 매번 체크하는 경향이 있음

위처럼 보고받는 사람을 구분하는 4가지 요소(프로젝트 내 역할, 배경지식, 직책, 보고 스타일)를 바탕으로 보고서 작성 전략을 세워보면 다음과 같다. 첫째, 전사 차원의 인사 정책적 관점에서 대응 방안을 정리한다. 둘째, 보고 대상이 업계 프로세스나 인사 업무 이해도가 매우 높기 때문에 실무에 대한 추가 설명은 불필요하다. 셋째, 초과 근무 수당을 분석한 로우데이터(raw data)를 디테일하게 첨부하고, 인건비 추출 기준을 명확하게 보

고서에 써놔야 한다.

　　보고받는 대상의 정보를 바탕으로 위처럼 전략을 미리 생각해두면 보고서 작성을 훨씬 수월하게 할 수 있다.

보고 의도 파악의 두 번째, 보고의 목적 파악하기

보고서는 딱 두 가지 목적으로 나눠집니다

이번에는 보고의 목적에 대해서 살펴보자. 우리가 회사에서 다루는 보고서들은 제안서부터 기획서, 회의록, 결과 보고, 실적 보고, 동향 조사까지 정말 다양하지만 이 수많은 보고서는 결국 두 가지 목적으로 나눠볼 수 있다. 바로 '설득'과 '공유'다.

첫 번째, 설득은 이 보고서를 통해 보고받는 사람의 행위나 생각을 내가 원하는 방향으로 이끄는 것이다. 그렇기 때문에 내가 원하는 방향인 '주장'이 들어가고, 이 주장을 설득하기 위한 '근거'가 들어가는 것이 특징이다.

그림1-10 ◆ 보고의 목적 구분하기

┌─→ 보고의 목적

잘 만든 문서 = 보고받는 사람의 <u>니즈</u>를 충족

설득
v. ~해주세요.

주장 + 근거
ex. 제안서, 기획서 등

공유
v. ~입니다.

팩트 + 의견
ex. 회의록, 결과 보고, 실적 분석, 동향 조사 등

이러한 목적의 보고서에는 제안서, 기획서, 기안서 등이 포함된다.

예를 들어 여러분이 회사에서 제주도로 워크숍을 가기 위해 기안서를 작성한다고 해보자. 이때 무턱대고 제주도로 워크숍을 가고 싶다고 한다면 대부분 승인이 나지 않을 것이다. 하지만 워크숍 장소가 제주도여야만 하는 이유, 즉 근거를 마련해서 논리적으로 설득한다면 회사 입장에서도 여러분을 제주도에 보내줄 명분이 생기지 않을까? 예를 들어 제주도에 위치한 중요한 거래처를 방문한다거나 제주도에서 개최되는 박람회에 참석한다는 등, 업무와 관련된 사소한 이유라도 근거를 마련하는 것이다. 이렇게 설득을 목적으로 보고서를 작성할 때는 주장뿐만 아니라 근거를 같이 넣어야 훨씬 설득력 있고 논리적인 보고서를 만들 수 있다.

두 번째, 공유는 회사에 직간접적인 영향이 있는 '팩트(사실, 현상)'를 공유하는 것이다. 이때 중요한 점은 보고서가 오로지 팩트를 전달하는 것으로만 끝나면 보고서 본연의 역할을 다하지 못한다는 점이다. 이 부분을 놓치는 사람이 정말 많다.

여기서 잠깐 분석 방법론에 대해 이야기해보자. 미국의 IT 컨설팅 기업인 가트너(Gartner)는 2012년 '분석 성숙도 모델(Analytic Ascendancy Model)'을 발표했다. 분석 성숙도 모델이란 데이터 분석의 유형을 '묘사 분

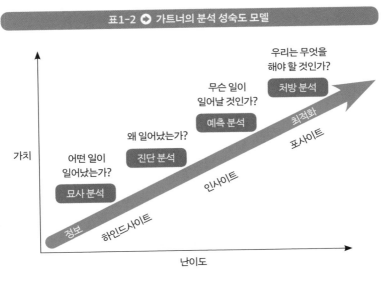

표1-2 ❂ 가트너의 분석 성숙도 모델

출처: 가트너(Gartner)

석' '진단 분석' '예측 분석' '처방 분석'의 4가지로 분류하고, 묘사 분석에서 처방 분석으로 올라갈수록 분석의 난이도도 올라가지만 분석의 가치 또한 올라감을 설명한 모델이다.

분석의 4가지 유형 중 '묘사 분석'은 과거나 현재에 발생한 사실을 요약 또는 집계해 사실 자체를 설명하는 것이다. '진단 분석'은 데이터 간의 인과관계 또는 상관관계를 분석해 원인을 이해하는 것이며, '예측 분석'은 회사 또는 조직의 미래를 예측하는 것이다. 마지막 '처방 분석'은 예측 분석을 바탕으로 대안을 제시하고 의사결정을 하는 것으로서 가장 어렵고 가치 있는 분석 유형이다.

가트너의 분석 성숙도 모델에서 살펴본 바와 같이, 공유 목적의 어떤 보고서를 작성하라는 지시가 내려졌을 때는 보고받는 사람이 단순히 그 팩트 자체가 궁금해서 지시를 내렸을 가능성은 낮다. 그 팩트가 우리 회사 또는 조직에 어떤 영향을 미칠지, 우리는 어떻게 대비해야 하는지 보고 싶기 때문일 가능성이 훨씬 높다. 단순히 팩트를 나열하는 보고서는 누구나, 심지어 관련 업무 경력이 없는 사람도 작성할 수 있다. 정말 중요한 건 실무적 견해, 즉 현장 가장 가까이에 있는 우리가 보고서를 통해서 어떤 의미 있는 인사이트를 전달할 수 있느냐인 것이다.

결국 공유 목적의 보고서는 팩트뿐만 아니라 그 팩트의 원인을 분석하고, 대응 방안을 제안하는 등 실무자의 의견까지 들어가야 한다. 의견에는 결과에 대한 평가, 원인 분석, 개선 방안 등이 들어갈 수 있다. 이러한 공유 목적에 해당하는 보고서에는 회의록, 결과 보고, 실적 분석, 동향 조사 등이 포함된다.

　이번에도 간단한 예시를 들어보자. 'A사원이 최근에 지각을 많이 하면서 팀장님께 자주 혼나고 있다'는 팩트가 있다. 그러나 앞서 말했듯 이렇게 팩트에서만 끝내면 좋은 보고서라고 보기 어렵다. 왜냐하면 자주 혼난다는 것은 부정적인 평가를 받고 있다는 뜻이므로 개선을 해야 하는데, 어떻게 개선할 것인지 그 방안까지 제안하지 않는다면 A사원에게 어떠한 도움도 되지 않기 때문이다. 즉, 무언가 문제점을 공유할 경우 개선점도 반드시 함께 공유해야 한다.

보고서 수정을 위해서는 원인부터 알아야 합니다

　여기서 한 가지 중요한 점은 제대로 된 개선점을 찾기 위해서는 제대로 된 원인 분석이 필요하다는 점이다. 다시 위의 예시로 돌아가보자. 혼이 나지 않기 위해서는 지각을 하지 않아야 하는데, 지각을 하지 않기 위한 대응 방안을 찾기 위해서는 정말 늦게 일어나서 지각을 하는지, 일찍 일어나지만 아침에 여유를 부리다가 지각을 하는지, 차가 너무 막혀서 지각을 하는지 등 지각의 원인을 정확히 파악해야 한다.

　여기서 간혹 '지각을 자주 해서'를 혼이 나는 '원인'으로 오해하는 사람들이 있다. 하지만 지각을 많이 한다는 것을 근본적인 원인이라고 보기는 어렵다. 왜냐하면 이 원인으로는 근본적인 대응 방안을 도출해내기 어렵기

그림1-11 ❖ 원인 분석의 나쁜 예-지각

요즘 지각을 자주 해서 팀장님께 자주 혼난다

원인? ➡ 대응 방안: 지각을 하지 말자

그림1-12 ❖ 원인 분석의 나쁜 예-마케팅비 상승

마케팅비가 상승해서 예산이 초과되었습니다

원인? ➡ 대응 방안:
예산을 초과하지 않으려면 마케팅비를 줄이자

때문이다.

예를 들어 '지각을 자주 해서'가 원인이 되려면 혼이 나지 않기 위한 대응 방안은 '지각을 하지 않는다'가 된다. 물론 틀린 얘기는 아니지만 이 원인 분석으로는 어떻게 지각을 하지 않을 수 있는지 구체적인 대응 방안이 나오지 않는다.

보고서에 대입해 보면 이렇다. 마케팅비가 올라서 예산이 초과된 사실이 있는데, 이때 많은 경우 '마케팅비가 올랐다'가 원인이라고 생각한다. 하지만 이것도 근본적인 원인은 아니다. 마케팅비를 어떻게 줄일 수 있을지 구체적인 대응 방안이 나오지 않기 때문이다. 좋은 대응 방안은 단순히 "마케팅비를 줄이자." 하고 끝내는 방안이 아니다. 이건 너무 표면적이고 당연한 얘기다. 왜 마케팅비가 올랐는지 한 단계 더 들어가서 근본 원인을

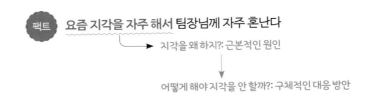

그림1-13 ▶ 원인 분석의 좋은 예-지각

팩트 요즘 지각을 자주 해서 팀장님께 자주 혼난다

➡ 지각을 왜 하지?: 근본적인 원인

어떻게 해야 지각을 안 할까?: 구체적인 대응 방안

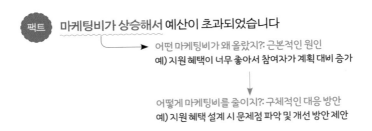

그림1-14 ▶ 원인 분석의 좋은 예-마케팅비 상승

팩트 마케팅비가 상승해서 예산이 초과되었습니다

➡ 어떤 마케팅비가 왜 올랐지?: 근본적인 원인
예) 지원 혜택이 너무 좋아서 참여자가 계획 대비 증가

어떻게 마케팅비를 줄이지?: 구체적인 대응 방안
예) 지원 혜택 설계 시 문제점 파악 및 개선 방안 제안

분석하고, 이에 대한 대응 방안을 구체적으로 제안해줘야 논리적이고 설득력 있는 보고서가 될 수 있다.

그림1-14을 보자. 예시에서 마케팅비 상승 원인을 "지원 혜택이 너무 좋아서 참여자가 계획 대비 증가"했기 때문이라고 분석했다. 이 경우 혜택을 설계할 때 어떤 문제점이 있었는지, 이후에 지원 혜택을 설계할 때는 어떤 점을 더 고려해야 하는지까지 담당자의 의견을 정리해주는 것이 좋다.

다시 지각 예시로 돌아가보자. 여기서도 마찬가지로 왜 지각을 자주 하는지에 대한 근본적인 원인을 분석하고, 어떻게 해야 지각을 하지 않을 수 있을지 구체적이고 근본적인 개선 방안까지 의견으로 나와야 한다. 만약 A사원이 최근에 게임기를 구매해 새벽까지 게임을 하게 되면서 늦게 잠이 들고, 그 바람에 늦게 일어나 회사에 지각을 하게 되었다고 가정해보자. 이 경우라면 '팀장님께 안 혼나기 위해서는 취침 시간을 정하고, 그 시간 안에 게임을 끝내야 한다'는 개선 방안을 내볼 수 있을 것이다.

다시 한번 강조하자면 공유 목적의 보고서를 쓸 때는 반드시 팩트에서 끝내지 말고 의견까지 넣도록 하자. 그래야 회사 또는 조직에 가치를 줄 수 있는 보고서를 작성할 수 있다.

실습

"데이터 관리 시스템 개선 사항 정리해주세요"

상사로부터 "데이터 관리 시스템 개선 사항 정리해주세요."라는 지시를 받았다고 가정하자. 데이터 관리 시스템은 데이터를 조회할 수 있는 어드민 시스템을 의미하지만 굳이 어떤 것인지 정확히 알지 못해도 괜찮다. 단순히 어떤 것에 대한 '개선 사항'을 정리해달라는 것으로 이해하면 된다.

이제 무엇부터 시작하면 될까? 앞에서 배운 대로 업무 지시를 받은 즉시 '최종 보고 대상자'와 '보고의 목적'을 파악해야 한다. 이 실습에서 최종 보고 대상자는 시스템개발팀이라고 가정하고, 이제 보고의 목적을 파악해보자. 이 보고의 목적은 공유와 설득 중 어떤 것일까?

예시1-1 **"데이터 관리 시스템 개선 사항 정리해주세요" - 초안**

데이터 관리 시스템 개선 사항

X

1. 담당자별 메뉴 접근 권한 분류 필요
  – 담당자별로 승인받은 서비스에 대해서만 조회할 수 있는 권한 분리 필요
2. 그래프 디스플레이 추가
  – 노출 페이지: 로그인 후 첫 페이지
  – 기본 조회 조건: 로그인 일자 전날~7일 전, 방문자 수
3. 지표 조회 시 엑셀 다운로드 기능 추가
  – 지표 조회 시 해당 조회 조건으로 엑셀 다운로드 가능하도록 기능 추가
4. UX/UI 개편 필요
  – 가독성 제고를 위한 전반적인 UX/UI 개편 필요
  – 시안 별도 첨부

바로 설득이다. 개선 사항을 정리해달라고 했으니 '이렇게 개선해주세요!'라고 주장하는 것이기 때문이다. 그러므로 어떻게 개선해야 하는지 그 주장뿐만 아니라 왜 그렇게 개선해야 하는지 근거가 반드시 들어가야 한다.

개선 사항을 "담당자별로 메뉴 접근 권한을 분리해야 하고, 그래프 디스플레이와 엑셀 다운로드 기능을 추가해야 한다. UX와 UI의 개편이 필요하다."로 정하고, 예시1-1과 같이 초안을 작성했다고 가정해보자. 여기서 잘못된 점은 무엇일까?

이 초안의 잘못된 점은 어떻게 개선해야 하는지 그 주장만 있다는 점이다(이 책의 독자들은 잘 찾았으리라 믿는다). 왜 개선해야 하는지에 대한 근거

예시1-2 **"데이터 관리 시스템 개선 사항 정리해주세요" – 수정안**

데이터 관리 시스템 개선 사항   ○

1. 담당자별 권한 분류 필요
  1) 목적 및 효과: 신규 서비스에 대한 대내비 지표 보안 관리 필요
  2) 내용: 담당자별로 승인받은 서비스에 대해서만 조회할 수 있는 권한 분리 필요
2. 그래프 디스플레이 추가
  1) 목적 및 효과: 주요 지표 추이를 그래프 형태로 디스플레이하여 별도의 가공
     없이도 직관적으로 현황 파악 가능
  2) 내용
     – 노출 페이지: 로그인 후 첫 페이지
     – 기본 조회 조건: 로그인 일자 전날~7일 전, 방문자 수
        …

가 없기 때문에 업무 요청을 받는 시스템개발팀 입장에서는 군이 이 개선
이 왜 필요한지 이해하기 어려울 수 있다. 이 부분을 목적 및 효과로 보강
해준다면 예시1-2처럼 훨씬 더 논리적인 보고서가 될 것이다.

실습

"지난 4월에 진행한 오프라인 사업설명회 결과 보고해주세요"

"지난 4월에 진행한 오프라인 사업설명회 결과 보고해주세요."라는 요청
을 받았다고 예를 들어보자. 최종 보고 대상자는 팀장님이라고 가정하고,

보고의 목적을 파악해보자.

　이미 발생한 결과는 주장할 수 있는 게 아니다. 또한 결과 자체는 팩트로 볼 수 있기 때문에 이 보고서는 설득이 아닌, 공유 목적의 보고서다. 공유 목적이라면 팩트뿐만 아니라 의견도 들어가야 한다. 팩트 자체보다 실무자의 의견은 어떠한지도 담겨 있어야 좋은 보고서, 조직에 좀 더 도움이 되는 보고서가 될 수 있다(이 내용은 중요한 만큼 앞으로도 계속해서 반복해서 설명할 것이다). 그래서 결과가 어떻게 나왔는지에 그치지 않고, 그 결과가 어떤 기준에 따라서 좋은지 나쁜지(결과 평가), 왜 이런 결과가 나왔는지(원인 분석), 앞으로 어떻게 개선할지(개선 방안) 등의 의견을 반영해주는 것이 좋다.

　뒷장의 예시1-3을 보고서 초안이라고 생각해보자. 혹시 잘못된 점이 보이는가? 이 초안에서 잘못된 점은 결과(팩트)만 있다는 것이다. 먼저 개별 상담 신청률을 27%라고 기재했는데, 이 수치만 봐서는 이것이 좋은지 나쁜지 판단하기 어렵다. 예를 들어 지난달 진행한, 또는 비슷하거나 동일하게 진행했던 사업설명회에서 15%가 나왔었다면 27%는 매우 좋은 성과라고 평가받을 가능성이 높다. 반면 지난달에 60%가 나왔었다면 27%는 매우 나쁜 성과라고 볼 수 있을 것이다. 두 번째로 잘못된 점은 왜 이런 결과가 나왔는지에 대한 원인 분석이 없다는 것이다. 마지막으로는 만약 성과가 좋았다면 앞으로 어떻게 더 좋게 할 수 있을지, 만약 나빴다면 앞으로 어떻게 개선할지에 대한 개선 방안이 없다는 것도 부족한 점이다. 이런 세 가지 이유로 예시1-3의 초안은 좋은 보고서라고 보기 어렵다.

"지난 4월에 진행한 오프라인 사업설명회 결과 보고해주세요" – 초안

오프라인 사업설명회 결과 보고

1. 진행 일시: xx년 4월 12일(수) 오후 4시
2. 장소: 강남 xx컨벤션 xx몰
3. 참석자: 당사 현재 업무 대행사 중 매출 상위 15개 업체 120명(명함 수령 기준)
4. 총 소요 비용: 총 720만 원
　1) 식대(대관료 포함): 600만 원
　2) 경품 등 기타: 120만 원
5. 결과
　1) 개별 상담 신청 4개 사(신청률 27%)
　2) 행사 만족도 결과: 2.7점/5점
　　– 상품A 설명: 2.2점/5점
　　…

　이제 보고서의 맨 마지막에 담당자 의견을 추가해 위의 잘못된 점을 수정해보자. 예시1-4의 수정안을 보면 담당자 의견에 전년 실적과 비교해 현 실적이 좋은지 나쁜지 판단할 수 있게끔 내용을 추가했다. 앞에서 언급한 바와 같이 절대적인 숫자가 같더라도 좋은 성과로도, 나쁜 성과로도 평가될 수 있기 때문에 수치로 실적을 평가할 시 이렇게 평가 기준이 들어가야 한다. 이때 대조군은 비슷한 과거 경험이 될 수도 있고, 목표치나 예상치가 될 수도 있다. 또한 경쟁사에서 진행했던 사업설명회의 신청률(현실적으로 쉽지 않겠지만 이 데이터를 확보할 수 있다면 가장 좋다)을 평가 기준으로 가져와, 이번에 진행된 당사의 성과와 비교해 판단할 수 있을 것이다. 만약 대조군과 비교 시 결과가 좋지 않을 경우 왜 이렇게 나쁜 결과가 나왔

"지난 4월에 진행한 오프라인 사업 설명회 결과 보고해주세요" - 수정안

오프라인 사업설명회 결과 보고   ○

1. 진행 일시: xx년 4월 12일(수) 오후 4시

2. 장소: 강남 xx컨벤션 xx몰

...

3. 결과

1) 개별 상담 신청 4개 사(신청률 27%, 목표 대비 60% 달성)

2) 행사 만족도 결과: 2.7점/5점

- 상품A 설명: 2.2점/5점

4. 담당자 의견

1) 작년 오프라인 사업 설명회 대비 실적 70% 정도로 저조 …

2) 상품BM 자체가 대행사의 수익이 적은 구조로 대행사 관심도 매우 낮음

→ 대행사에 역할을 더 부여하고 수익을 보존해주는 구조로 개편 필요

...

는지 원인을 분석해 앞으로 어떻게 개선할 수 있을지 그 내용까지 추가한다면, 이후 사업설명회를 진행하거나 동일한 타깃 대상의 행사를 진행할 때 도움이 될 수 있다.

보고 의도를 완벽하게
파악하는 방법, 중간보고

앞(23~24쪽)에서 잠깐 '보고 의도 파악하기'에 대해 요약해 설명한 바 있다. 보고 의도를 파악한다는 것은 보고 대상과 보고의 목적을 파악하는 것이라고 말이다. 따라서 직전의 두 글에서는 보고 대상과 보고 목적 구분하기에 대해 상세히 다뤘다면 지금부터는 이 둘을 통틀어서 보고 의도를 완벽하게 파악하는 방법에 대해 알아보고자 한다.

보고 의도를 파악하는 방법은 두 가지가 있다. 첫 번째는 업무 지시를 받는 순간 곧바로 의도를 질문하는 방법이다. 예를 들어 팀장님에게 "VIP

고객 대상 초청 세미나 진행 현황 좀 정리해주세요."라는 업무 지시를 들었다면 들자마자 바로 보고받는 사람과 보고의 목적을 물어보는 것이다. 여기에 마감 기한까지도 추가로 확인하는 것이 좋다.

실전이라고 가정해보자. 우선 보고의 목적만 따져본다면 초청 세미나가 잘 진행되고 있는지 그 현황을 정리하는 것인지(공유 목적인지), 초청 세미나 예산 조정을 위해 관련된 자료를 정리하는 것인지(설득 목적인지)를 팀장님께 질문한다. 이를 바탕으로 보고서 방향성을 잡는 것이다. 만약 공유 목적이라면 예산 대비 실적과 진행 사항, 결과 위주로 정리하고, 설득 목적이라면 현황뿐만 아니라 실무자인 내가 생각했을 때 얼마나 조정 가능한 예산이 있을지 그 규모까지 정리하면 좋다.

두 번째 방법은 '중간보고'를 하는 것이다. 여기서 중간보고란 보고서의

그림1-15 ○→ 보고 의도를 정확히 파악하는 방법

1. 업무 지시를 받자마자 의도 질문

팀장님

"VIP 고객 대상 초청 세미나 진행 현황 좀 정리해주세요."

나

"팀장님, **어떤 목적인지, 누구를 대상으로 보고되는지** 알 수 있을까요? 보고서 작성할 때 방향 설정에 도움이 될 것 같아 여쭙습니다. 그리고 이건 언제까지 정리하면 될까요?"

2. 보고서 구성이 어느 정도 나왔을 때 중간보고

구성(속어로 와꾸)을 어느 정도 마친 뒤 이를 간략하게 보고하는 것이다. 필자의 경우, 보고 의도는 상황에 따라 바뀔 수 있기 때문에 중간중간 이를 파악하는 것이 좋다고 생각해 앞서 말한 두 가지 방법을 다 사용한다. 하지만 위 두 가지 방법 중 더 효율적인 것은 두 번째인 중간보고다.

중간보고가 업무 지시를 받는 순간 바로 보고 의도를 질문하는 것보다 더 효율적인 이유에는 두 가지가 있다. 첫 번째 이유는 보고받는 사람도 업무를 지시할 때는 결과가 나오지 않은 상태여서, 스스로도 정확히 원하는 게 무엇인지 모를 수 있기 때문이다. 필자를 포함한 보통의 회사원이 업무할 때 가장 힘든 점은 바로 팀장님이 업무를 지시할 때 너무 대강 얘기한다는 점이다. 필자도 사회 초년생 때 업무에 대한 구체적인 지침이 없어 '혼돈의 카오스'를 느끼곤 했다. 하지만 이제는 알게 되었다. 이것은 팀장님도 모르기 때문이라는 것을. 어떤 문서가 어떻게 나올지 모르는 상황이니 상상과 추정만으로 대략적으로 얘기할 수밖에 없는 것이다. 이를 보완하기 위한 것이 중간보고다. 어느 정도 보고서 구성이 끝난 뒤 중간보고를 통해서 보고받는 사람과 보고서의 방향성을 합의하고 점검하는 일. 이때는 보고서 구성이 어느 정도 나왔기 때문에 이제 팀장님도 종전보다 디테일하게 업무 지시를 할 수 있게 된다.

예를 들어 "지난 7월에 경쟁사에서 출시한 A상품에 대한 대응 방안 좀 정리해주세요."라는 업무 지시를 받았다고 가정해보자. 이 지시에서 대응 방안을 도출하기 위해서는 먼저 A상품이 어떤 상태인지 파악할 필요가 있다. A상품이 어떤 타깃을 목표로 하고 있는지, 판매 추이는 어떠한지,

유통 전략은 무엇인지 알아야 우리도 경쟁사를 따라갈 것인지 혹은 우리만의 차별화된 방법을 찾을 것인지 등의 대응 방안이 나올 수 있기 때문이다.

그런데 최초 업무 지시 시점에는 실제로 누구도 어떤 자료를 찾게 될 것인지 알 수 없고, 어떻게 접근할 것인지도 전혀 알 수 없다. 즉 팀장님도 업무 지시를 하는 당시에는 스스로도 원하는 것이 무엇인지 정확히 모르기 때문에 대충 얘기할 수밖에 없게 된다. 만약 여러분의 팀장님이 업무 지시를 대강 말한다면 '팀장님도 아직 감이 없을 수 있지, 내가 어느 정도 보고서를 구성해서 중간보고를 해야겠다.'라고 생각하자. 한결 마음이 편해질 것이다(이런 생각은 팀장님이 아닌, 여러분의 정신 건강을 위한 것임을 알아주길 바란다).

중간보고가 효율적인 두 번째 이유는 보고받는 사람이 원하는 것을 보고하는 사람이 한 번에 알아듣기 어렵기 때문이다. 팀장님들은 흔히 '짬'이라 부르는 업무 경력이 있기 때문에 팀원에게 업무를 요청할 때 구체적으로 어떤 답이 나올지는 알 수 없지만 대략적으로 '어떤 식으로 진행되겠다' 하는 구상 정도는 머릿속에 있는 경우가 많다.

하지만 이런 팀장님의 머릿속 구상을 한 번에 딱 파악해서 보고서를 만들어 가져갈 수 있는 사람은 거의 없다. 필자는 실제로 1명도 보지 못했다. 유니콘처럼 어디엔가는 있을 수 있겠지만 대부분의 사람(특히 이 책을 보고 있는 우리)은 아닐 가능성이 높다고 생각하는 것이 마음 편하다. 예를 들어 팀장님들은 보통 이런 식으로 이야기한다. "A사에서 이번에 새로운 사업 시작한 것 같던데, 조사 좀 해주세요." 이 한 문장에는 '이번에' '새로운 사업' '시작한 것 같은데' 등 정말 추상적인 표현이 많다. 이렇게 되니 한 번에 알아듣기 어려운 것이다.

이 경우 언제 시작된 어떤 사업을 말하는 건지 팀장님에게 바로 물어볼 수도 있다. 하지만 보통의 팀장님들은 팀원들이 항상 경쟁사와 업계에 관심을 가지고 있어야 한다고 생각한다. 따라서 A사의 현황에 대해 전혀 모르는 상태에서 팀장님에게 그게 무얼 말하는 것이냐고 다시 물어본다면 팀장님으로 하여금 내가 경쟁사와 업계에 관심이 없다는 인식을 줄 수 있다. 이럴 때는 일단 A사에 대해 조사를 좀 하고, 팀장님에게 이게 맞았는지 물어보는 것이 더 좋은 방법이다.

사실 말귀를 잘 알아듣는 것은 개인의 커뮤니케이션 역량이라 한 번에 좋아질 수 없을 뿐만 아니라 역량 자체를 개발하는 데에 한계가 있기도 하다. 하지만 팀장님과 자주, 또 오래 커뮤니케이션을 하다 보면 팀장님의 표현이나 언어 습관을 어느 정도는 파악할 수 있다. 예를 들어 위의 지시에서도 "이번에"의 경우 보통 '6개월 이내'를 의미한다라든가, "새로운 상품"은 '새로 시작한 사업 중에서도 SNS에서 반응 좋은 상품'을 의미한다든가 하는 식으로 팀장님이 기존에 써오던 습관적 언어를 파악하는 것이다.

정리하자면 보고받는 사람도 자기가 뭘 원하는지 제대로 모르고 업무를 요청할 때가 있고, 보고하는 사람도 한 번에 모든 것을 알아듣고 보고서를 가져갈 수 없으니, 여러모로 보아 중간보고를 하는 것이 좋다고 할 수 있다.

중간보고는 다음 3가지의 경우에 수시로 하는 것이 좋다.

첫 번째, 보고서를 완성하기 전에 의도를 파악해서 보고받는 사람과 나의 보고서 방향성에 대한 합의를 하고 싶을 때 중간보고를 하면 된다. 만약 처음부터 보고서 방향성에 대한 합의가 이루어지지 않는다면 보고서를 다 완성하고도 다시 처음부터 작업해야 하는 불상사가 생길 수 있다. 필자도 사회 초년생 시절에 거래처에 제안할 내용을 3일 동안 정리해서 제안서를 작성해 갔는데 사전에 이미 양사 임원 두 분이 합의한 내용이 있어 작업한 것을 다 날리고 처음부터 보고서를 다시 작성한 적이 있다. (물론 임원진에서 합의한 내용을 사전에 알려주었다면 제일 좋았겠지만, 이 부분은 내가 컨트롤할 수 있는 게 아니었다.) 만약 이때 중간보고를 해서 보고서 방향성을 점검받았더라면 3일이라는 시간을 소모하지 않아도 되었을 것이다.

이 경우 한 가지 유의할 점은 어느 정도 조사와 분석이 끝나고 너무 많은 리소스를 투입하지 않은 상태로 중간보고를 해야 한다는 것이다. 중간보고를 위한 조사와 분석은 반나절에서 하루 정도가 적당하다. 이는 조사와 분석에 투입된 시간이 너무 짧다면 이후에 최종 보고서와 결론이 달라질 가능성이 높아질 수 있고, 반대로 투입된 시간이 너무 길다면 팀장님과 합의가 안 되었을 때 너무 많은 리소스가 버려지게 될 수 있기 때문이다.

두 번째, 일의 진척도를 공유하고 싶을 때도 중간보고를 하는 게 좋다. 보통 팀장님도 상위 조직장에게 보고해야 할 일정이 정해진 경우가 많다.

또한 보고서는 보고 이후 진행해야 할 액션 플랜들이 정해져 있기도 하다. 프로모션 기획서라면 이후 프로모션을 진행해야 할 것이고, 제안서라면 제안 내용을 합의해야 할 것이다. 그런데 앞에서부터 보고서 작성이 늦어진다면 그만큼 팀장님의 보고나 후속 작업들의 일정들 역시 덩달아 연기되기 때문에 보고받는 사람 또는 업무 지시자인 팀장님은 대개 진행 사항을 궁금해하는 게 당연하다.

간혹 팀장님이 단순히 '얘가 내가 말한 걸 하고 있나, 안 하고 있나, 놀고 있나, 열심히 하고 있나' 궁금해서 진행 상황을 물어보는 경우도 있다. 어떤 경우가 되었든 보고받는 사람 또는 업무 지시자가 안심할 수 있도록 지금 내가 어느 정도까지 일을 진행했고, 언제까지 완료할 것이라는 점을 중간보고를 통해 한 번 정도 공유해주면 좋다.

세 번째, 업무 지시 당시와 현재의 상황이 변해서 보고서의 메시지가 변경되는 경우에 중간보고를 하면 좋다. 예를 들어 우리 회사가 비타민과 손세정제만 다루는 의약회사라고 가정해보자. 처음 업무를 지시받을 때는 그 당시 매출 1위였던 비타민에 대한 보고서를 준비하라는 지시를 받았다. 그런데 갑자기 코로나가 발병하면서 급격하게 손세정제의 판매량이 늘어나게 된 것이다. 담당자인 내가 향후에도 손세정제의 판매량이 더 증가할 것이라고 예상한다면, 비타민보다는 손세정제에 대한 보고서를 작성하는 것이 당장 회사에 더 도움이 될 것이라 판단할 수 있다. 이럴 때는 현 상황을 팀장님께 공유하고, 확인을 받아 아이템을 바꿔 손세정제에 대한 보고서로 완성하면 된다.

사실 이런 경우는 담당자 입장에서 결정을 내리기가 쉽지 않다. 여태까지 열심히 써온 비타민에 대한 보고서를 사용하지 못하게 되기 때문이다. 하지만 나의 보고서 하나가 우리 회사나 조직에 어떤 긍정적 영향을 가져올지 모른다고 생각하고 마인드를 조금 바꿔보는 것도 나쁘지 않다. 내가 발빠르게 손세정제에 대해 보고한 덕분에 회사가 시장 변화에 빠르게 대응해, 이것이 회사에 큰 수익을 가져다줄 수도 있는 것이다.

이렇게 하나의 보고서라도 좀 더 가치 있는 의견이 나올 수 있도록 보고서 작성 시 관심을 가지고 노력한다면 장기적으로 회사뿐만 아니라 우리 스스로가 성장하는 데에도 큰 도움이 될 수 있다.

중간보고는 어떤 방식으로 하는 게 좋을까

중간보고를 할 때는 보고의 목적을 비롯해 보고서의 목차와 각 목차에 들어갈 내용을 간략하게 1~2줄로 정리한 뒤 출력해 최종 보고 대상이 아닌, 나의 상위 조직장(보통의 경우 팀장님)에게 구두로 보고하는 것이 좋다. 중간보고의 목적 자체가 대략적인 보고서의 방향성을 확인받기 위한 것이기 때문에 정식 보고와 같이 미팅 시간을 따로 잡아서 공유하는 것은 과할 수 있다. 오랜 시간을 할애할 필요 없이, 5~10분 내외로 자리에서 구두로 설명해도 충분하다. 물론 피드백이 많은 경우 시간은 더 길어질 수 있다.

예시1-5의 중간보고 템플릿은 필자가 실제로 업무할 때 사용하는 중간

→ 어떤 목차에 각각 어떤 내용이 들어갈지 간략하게 정리

악성 재고 관리를 위한 시스템 도입 제안

1. **요약**: 악성 재고 관리를 위한 시스템 도입 제안
2. **현황**
    1) 악성 재고 현황: 상품별 수량, 재고 자산 잔액, 입고일 등
    2) 전년 손실 처리된 비용 사례
3. **기대 효과**
    1) 악성 재고 관리를 통한 손실액 최소화
    2) 히스토리 관리를 통한 선별적 재고 구매 가능
4. **업체별 시스템 비교**: 비용, 기능 등
    1) A사
    2) B사
5. **의사결정 필요 사항**: 예산 확보, 운영 인력 추가 확보

보고 양식이다. 사실 템플릿에는 정답이 있는 것이 아니기 때문에 여러분이 다니는 회사나 조직에 더 적합한 스타일에 맞춰 템플릿을 변형해 사용하는 것을 추천한다.

중간보고는 예시에서처럼 어떤 흐름(목차)으로 보고서를 전개하고, 각각의 내용은 어떻게 될지, 어떤 자료를 조사할지 정리하면 된다. 예시에서 말하는 "악성 재고"는 판매를 위해 상품을 구매했는데 장기간 팔리지 않아 비용을 들여 처리해야 할 가능성이 높은 재고들을 의미한다. 악성 재고는 향후 '비용'이 될 가능성이 높기 때문에 회사 입장에서 최소화하는 것이 중요하다. 이 예시1-5의 제안서는 악성 재고 최소화를 위해 관리 시스템을

도입하자는 내용이다.

중간보고 시점은 앞서 얘기한 '중간보고가 필요한 3가지 경우'에 해당하는 일이 발생할 때마다 수시로 하면 된다. 단, 보고서의 방향성 합의가 목적이라면 중간보고의 빈도는 보고서의 중요도에 따라 달라진다. 하지만 빈도가 너무 잦으면 팀장님이 귀찮아할 가능성이 높으므로 정말 중요한 경우 3번, 보통의 중요도 또는 일상적 보고의 경우 1~2번이 적당하다.

중간보고를 하고 난 이후도 중요하다. 중간보고를 통해 피드백을 받았다면 그 내용을 최종 보고서에 전부 다 반영해야 한다. 다들 알고 있는 내용이지만 이를 언급하는 이유는 피드백을 전부 다 반영하지 않는 사람이 실제로 꽤 많기 때문이다. 아마도 본인이 생각하기에 '상사의 피드백이 중요하지 않다고 판단'했기 때문일 수 있고, '받은 피드백이 반영하기 어려워서'일 수도 있으며, 가끔은 '피드백 내용을 까먹어서' 반영하지 않기도 한다. 만약 해당 피드백이 중요하지 않다고 생각되거나 반영하기 어렵다면 왜 그렇게 생각하는지 그 사유를 설명하면서 피드백 내용을 반영하지 않겠다는 것을 팀장님께 사전에 컨펌받는 것이 좋다. 반면 피드백 내용을 까먹는 것은 사실상 완전한 실수다. 그러지 않기 위해 피드백을 받을 때는 반드시 메모를 하자. 기본 중의 기본이지만 이것 역시 안 지키는 사람이 정말 많다. 피드백을 받는 순간은 내용을 다 기억할 수 있을 것 같지만 우리는 생각보다 그렇게 기억력이 좋지 않다. 피드백을 받고 나서 자리에 가 앉으면 다 잊어버린다. 피드백은 반드시 자세히 메모해놓도록 하자.

중간보고는 누구한테 하는 게 좋을까

앞서 중간보고의 대상은 최종 보고 대상자가 아니라 상위 조직장, 즉 대개 나의 팀장님이라고 이야기했다. 그 이유는 아래의 3가지로 설명할 수 있다.

첫 번째, 최종 보고 대상자가 외부 업체나 대표님인 경우, 이들에게 현실적으로 중간보고를 하기 어렵다. 외부 업체나 대표님에게 직접 가서 "이렇게 보고서를 쓰려고 하는데 어떠세요?"라고 물어볼 수 있는 용자가 몇 명이나 될까? 거의 불가능하다고 봐야 한다.

두 번째, 기본적으로 팀장님은 많은 정보를 가지고 있고, 경험도 많아 중간보고에서 적합한 피드백을 줄 수 있다. 보통은 업무 경력이나 경험이 많을수록 조직에서 위치가 높아지고, 조직에서 위치가 높아질수록 접근할 수 있는 정보량이 급격하게 증가한다. 내가 직접 찾아가 그나마 편하게 중간보고를 할 수 있는 사람 중 가장 높은 직급을 생각해보면 바로 나의 상위 조직장인 팀장님이다.

세 번째, 보고서를 포함한 팀 안의 모든 일을 관리하는 것이 팀장님의 역할이기 때문이다. 보고서는 완성되기 이전이라도 우리 팀을 벗어나는 순간 공식화된다. 우리 팀에서 잘못 작성된 보고서가 나갔다면 가장 큰 책임을 지게 되는 사람은 팀장님이 될 가능성이 매우 높다. 따라서 보고가 공식화되기 전, 내가 속한 팀의 장에게 컨펌을 받는 일이 필요하다.

"초과 근무 수당이 최근에 너무 많이 나오는데, 원인과 대응 방안 좀 정리해주세요"

"초과 근무 수당이 최근에 너무 많이 나오는데, 원인과 대응 방안 좀 정리해주세요."라는 요청을 받았다고 가정하자. 사실 이 실습은 '보고 의도 파악의 시작, 보고받는 사람 구분하기'의 마지막 단락에서 한 번 겪어본 실습이다. 앞서 우리는 위 실습에서 보고받는 사람을 인사팀장으로 설정했었다(기억이 안 나는 분은 31쪽으로 돌아가보자). 한편 위 보고의 목적을 따져보면 이 보고에는 '초과 근무 수당이 너무 많이 나오니, 해결책을 찾아야 한다'는 주장이 담겨 있으므로, 이는 설득 목적의 보고서가 될 것이다.

보고 대상과 보고의 목적 설정을 완료했으니, 이번 실습에서는 보고서를 완성하기 전, 보고서의 방향성에 대한 합의를 위해 중간보고를 해보고자 한다. 중간보고 템플릿을 이용해 뒷장의 예시1-6과 같이 보고서를 정리한 뒤, 팀장님의 컨펌을 받은 상태라고 가정해보자.

이후 보고서를 작성하면서 대응 방안을 고민하던 중 우연히 사무자동화 솔루션에 대해 알게 되었고, 솔루션 도입 시 무척이나 기대 효과가 높을 것으로 예상되었다면 이때는 예시1-7과 같이 보고서의 메시지를 변경하는 중간보고를 다시 올리면 된다.

팀장님의 피드백 내용 중 "이슈레이징(issue-raising)"이란 해당 이슈를 공론화하는 것으로, 차상위 조직장에게 이슈를 공유하고 의사 결정을 받

중간보고1 - 보고서 완성 전, 의도를 파악해 방향성을 맞추고 싶을 때

초과 근무 수당 증가 관련 지급 현황 분석 및 대응 방안

1. 요약: 원인+대응 방안
2. 초과 근무 수당 지급 현황
  1) 월별 지급액 추이(최근 2년)
  2) 인당/부서별 지급액 추이(최근 2년)

  > "네, 좋네요. 이렇게 진행하시죠."
  > 팀장님

  3) 부서별 지급 인원 비중(최근 2년)
3. 원인 분석 – 인터뷰, 사례 분석 예정
  1) 시스템 부재에 따른 단순 반복 업무량 증가
  2) 형식적 보고 업무 증가
  3) 부당 수령 이슈
4. 개선 방안: 원인에 따른 대응 방안 추가 예정

중간보고2 - 업무 지시 당시와 상황이 변해 메시지가 변경되었을 때

> "단순 반복 업무 절감 방안을 고민 중에 사무자동화 솔루션 도입을 조사해보았는데,
> 생각보다 비용도 저렴하고 경쟁사에서도 도입 효과가 가시적으로 나타나고 있어서
> 자동화 솔루션 쪽으로 더 디벨롭해보면 어떨까 합니다."

나

사무자동화 솔루션 도입 제안으로 메시지를 변경

> "네, 좋아요. 사무자동화 솔루션 도입에 대해
> 경영지원본부장님께 한번 이슈레이징해보죠."

팀장님

자는 의미다. 결론적으로 이 보고서의 핵심 메시지는 '초과 근무 수당 증가 관련 지급 현황 분석 및 대응 방안'에서 중간보고를 통해 '사무자동화 솔루션 도입 제안'으로 변경되었다. 이로써 보고받는 사람은 인사팀장이 아닌 경영지원본부장이 되었고, 보고서의 메시지에는 사무자동화 솔루션을 도입하자는 '주장'이 담겼으므로 보고의 목적은 여전히 '설득'이다. 따라서 최종 보고서에는 사무자동화 솔루션을 도입하자는 주장과 이를 도입해야 하는 근거가 포함되어야 할 것이다.

이럴 땐 어떻게 해야 하나요?

> **"마감 기한이 매번 부담스러워요"**

마감 기한을 정할 때, 만약 기한 협상이 가능하면 나의 업무 우선순위와 업무 처리 속도를 고려해서 이야기하는 것이 좋다. 마감 기한을 대충 미루면 되는 것이라고 생각하는 분들도 있겠지만 마감이란 직장생활에서 나의 신뢰도나 이미지와 직결되어 있는 아주 중요한 문제다. 필자는 사회생활을 하며 스스로 이야기한 마감 기한을 매번 지키지 않아 일을 못하는 사람, 신뢰할 수 없는 사람으로 낙인 찍히게 되는 경우를 많이 보았다. 다만 이런 경우라도 일을 대충 미루거나 실제로 일을 안 하고 놀아서 마감 기한을 지키지 못한 것이 아니라, 일이 생각한 것보다 더 오래 걸리거나 다른 더 중요한 업무가 갑자기 생기면서 그 업무를 우선 처리하느라고 늦어지는 경우가 대부분이었다. 그렇기에 업무의 우선순위와 업무 처리 속도를 스스로 파악하고 이를 잘 고려하는 것이 중요하다.

마감 기한이 매번 부담스럽다면 필자는 예상되는 소요 시간의 2~3배 정도를 생각하고 마감 기한을 이야기하기를 추천한다. 예를 들어 다른 업무가 전혀 없는 상황에서 어떤 보고서만을 작성하는 데 3시간 정도 소요될 것으로 예상된다면 대략 최소 1영업일(8시간 근무 기준) 정도로 마감 기한을 이야기하는 것이다. 이렇게 이야기하는 이유는 내가 생각하는 것보다 실제 작업 속도가 빠르지 않을 수 있고, 다른 중요한 업무가 갑자기 치고 들어올 수도 있기 때문이다. 반면 이것보다 너무 여유롭게 기한을 잡아 이야기한다면 듣는 사람 입장에서는 '뭐 하는데 그렇게 오래 걸리지? 쉬엄쉬엄 하려는 건가?'라는 생각이 들 수 있으니 주의하자.

또한 마감 기한을 이야기할 때는 '금주 내'라는 식의 두루뭉술한 표현보다는 'X일 오전 중' 'X일 오후 중' 'X일 퇴근 시간 전' 이런 식으로 정확하게 시점까지 찍어주는 것이 좋다. 그래야 보고받는 사람도 이때쯤 받을 수 있겠다는 예상을 할 수 있어서 불필요한 오해와 미스 커뮤니케이션을 줄일 수 있다. 항상 커뮤니케이션은 구체적일수록 좋다는 점을 기억하자.

필자의 경우 "팀장님, 모레 퇴근 전까지 전달드릴 수 있을 것 같은데 괜찮을까요? 제가 마케팅팀에 내일까지 공유할 자료가 있어서 작업 시간과 자료 취합 일정을 고려하면 2일 정도는 필요할 것 같습니다." 이런 식으로 명확하게 커뮤니케이션을 한다. 그래야 3시간짜리 간단한 업무이지만 다른 업무가 겹쳐서 오래 걸린다는 것을 사전에 미리 이해받을 수 있다.

물론 마감 기한을 협상하지 못하고 마감일이 이미 고정된 일을 받게 되는 경우도 있다. 사실 이런 때가 많을 것이다. 이 경우에는 되도록 우선순위를 높여서 고정된 마감 기한 안에 일정을 맞출 수 있도록 노력해야 한다. 왜냐하면 마감 기한이 정해져서 내려오는 경우는 대부분 업무 중요도가 매우 높을 가능성이 크기 때문이다. 하지만 '내가 생각했을 때 해당 업무가 그 정도로 중요하지 않은 것 같은 데다가, 내가 다른 일로 너무 바빠서 마감 기한을 맞추지 못할 것 같다면(or이 아닌 and 조건이다)' 이런 전후 사정들을 상사에게 이야기하고 마감 기한을 조율해보자.

마감 기한은 처음 합의해 정할 때보다 미룰 때가 더 중요하다. 마감 기한이라는 것 자체가 나와 보고받는 사람의 약속이자 이후 후속 업무 일정에 영향을 끼칠 수 있을 정도로 중요하기 때문이다. 마감 기한이 끝났는데 아무 말도 없이 그냥 구렁이 담 넘듯 넘어가려고 하면 바로 '일 안 하고, 일 못하고, 책임감 없는 사람'이 된다. 하지만 **어쩔 수 없는 상황 때문에 마감 기한을 못 지키게 되는 경우도 당연히 생길 수 있는데, 이 경우에는 사전에 양해를 구하고 마감 기한을 미리 조정해야 한다.**

여기서 중요한 것은 '미리'다. 마감 기한이 지난 뒤에 이야기하면 늦다. 꼭 마감 기한이 닥치기 전에 이야기해서 보고받는 사람이 다음 일정에 참고해 대응할 수 있도록 하자. 그리고 늦어지는 이유를 명확히 이야기하자. 사유를 명확하게 말하지 않으면 보고받는 사람 입장에서는 왜 늦어지는지 이해하지 못할 것이고, 또 일 못하고, 안 하는, 책임감 없는 사람이 될 수 있다.

　필자의 경우 "팀장님, 내일까지 보고서를 전달드리기로 했었는데, 자료 수취가 늦어져 모레 전달 가능할 듯해 미리 말씀드립니다. 마케팅팀에서 마케팅팀 내부 행사 때문에 자료를 모레까지 전달한다고 하네요."라는 식으로 말씀드린다. 나는 일정에 맞추려고 노력했지만, 외부 사정(마케팅팀 내부 행사)으로 일이 지연되었음을 공유해 일정 지연이 나 때문이 아님을 설명하는 것이다.

"팀장님의 업무 지시를 한 번에 못 알아듣겠어요"

　이런 고민은 누구나 한 번쯤 해보았을 것이다. 필자도 알아들은 척 "네"라고 대답하고 머리가 깨지도록 혼자 며칠을 고민하다 자괴감에 휩싸여 팀장님께 쭈뼛쭈뼛 되물었던 적이 많다. 이 경우 필자의 제안은 '못 알아들었다면 다시 물어보자'는 것이다. 너무 교과서적인 답변이라 여러분이 실망했을 수도 있지만 때로는 정석대로 접근하는 것이 정답이다.

　이는 팀장님 입장에서 보면 명확해진다. 베스트라 할 수 있는 '질문 없이 한 번에 알아듣는 팀원'을 제외하고, '질문은 많이 하지만, 내가 원하는 내용을 정확히 파악해서 보고서를 써 오는 팀원1'과 '질문 안 하고 가만히 있다가 이상한 보고서 써 오는 팀원2' 중 팀장님은 누가 더 일을 잘한다고 생각할까?

 팀장님의 업무 지시가 이해가 안 된다면 이해될 때까지 물어보자. 한 번에 못 알아듣는 것은 당연하다. 그러니 지나친 자괴감은 잊고 질문 세례를 쏟아낼 수밖에 없는 이 시기를 '제대로 된 답을 찾아가는 과정'이라고 생각하자. 단, 똑같은 질문은 절대 금지다. 질문의 답을 들을 때는 꼭 메모해서 두 번 질문하지 말자. 그리고 만약 처음 대답을 들을 때 못 알아들어서 두 번 질문해야 한다면 양해를 꼭 구해야 한다. "죄송하지만 처음 설명해주실 때 제가 못 알아들어서 그러는데…."로 시작하자. 똑같은 것을 두 번 물어보면서 아무 양해도 구하지 않는다면 상사로서 '내가 아까 말해줬는데, 내 말을 안 듣는 건가?'라는 생각이 들 수 있고, 매번 똑같은 질문에 답을 하다 보면 팀장님도 지친다.

 여기서의 업그레이드는 질문의 개수를 점점 줄여보는 것이다. 많은 질문과 답을 거치다 보면 팀장님의 성향을 파악할 수 있게 되고, 언젠가는 우리 팀장님의 어떤 두루뭉술한 업무 지시도 명확하게 알아들을 수 있게 된다. 오늘부터 나의 팀장님이 디테일을 중시하는 분인지, 아니면 결론만 보고 싶어 하는 분인지, 항상 질문하는 내용이 있거나 어떤 보고서든 무조건 들어가야 한다고 생각하는 항목이 있는 분인지, 팀장님이 잘 썼다고 말하는 보고서에는 어떤 특징이 있는지 등, 팀장님의 보고서 취향을 파악해보자. '보고 의도 파악의 시작, 보고받는 사람 구분하기'를 재차 참고하면서 말이다.

임원진의 의견은 A인데, 팀장님은 B라고 한다. 결국 팀장님의 의견대로 B로 보고했으나 임원진은 A로 다시 해오라고 한다. 나는 화가 난다. '임원진은 A라고 생각한다고 내가 그렇게 말했는데, 결국 이렇게 될 줄 알았다!' 보고를 하다 보면 가장 난감해지는 상황이다.

이 경우 팀원인 우리는 어떻게 하는 것이 좋을까? 생각보다 답은 간단하다. **팀장님의 의견에 맞추는 것이다.**

팀장님의 의견에 맞추는 첫 번째 이유는 보통 임원에게 나갈 보고서의 최종 컨펌은 임원이 아닌 팀장님이 하기 때문이다. 팀장님의 니즈를 맞추지 않으면 보고서의 컨펌이 나지 않는다. 이렇게 되면 임원의 니즈를 맞추는 것은 그다음의 문제가 된다. 물론 임원과 내가 직접 커뮤니케이션을 하는 경우도 있기는 하지만 (그러나 팀장님과의 합의 없이 임원과 직접 커뮤니케이션 하는 것은 향후 매우 큰 분란이 일어날 가능성이 있을 수 있으므로 웬만해선 추천하지 않는다.) 대부분은 팀장님을 거쳐 소통하게 된다.

팀장님의 의견에 맞추는 두 번째 이유는 내가 생각하는 임원의 의견이 실제 임원진이 생각하는 의견과 정확히 일치하는지 확실하지 않기 때문이다. 위의 A와 B 예시 같은 경우도 사실 임원에게 명확하게 A가 맞는지 물어보고 확답을 받았던 게 아니었기 때문에 내가 임원의 생각을 정확히 파악하지 못했을 수도 있다. 그런데 만약 내가 팀장님과 싸워서(?) 나의 의견대로 보고서를 써 갔는데, 나의 보고서가 임원의 생각과 달랐다면? 결국 모든 책임의 화살은 나에게로 돌아온다. 팀장님은 나의 말을 더 믿지 않게 될 것이므로 앞으로 업무가 더 힘들어질 수 있다.

물론 팀장님도 다 맞을 수는 없기 때문에 팀장님이 틀렸다면 보고서를 다시 써야 하는 리스크가 존재한다. 하지만 앞의 두 가지 장점과 이 리스크를 비교해보면 팀장님의 의견에 맞추는 것이 낫다고 볼 수 있다. 내가 틀릴 확률과 팀장님이 틀릴 확률이 동일하다고 가정하고(보통은 내가 틀릴 가능성이 높다) 최악의 케이스를 생각해보자. '보고서를 다시 써야 하는 리스크' 대 '팀장님을 설득하는 데 드는 리소스뿐만 아니라 앞으로도 가까이에서 같이 일해야 하는 팀장님으로부터 나에 대한 신뢰가 깨지는 리스크' 중 어떤 것이 더 치명적일까? 현명하게 선택하길 바란다.

"팀장님을 설득하는 방법이 궁금해요"

필자는 이럴 때 역시 팀장님을 설득하는 것보다는 팀장님의 의견을 따라주는 것이 낫다고 생각한다. 내 의견이 정말 100%, 아니 1,000% 맞다고 생각하더라도 팀장님의 의견대로 한 뒤 이게 왜 틀렸는지를 보여주는 것이 좋다.

보통 팀장님이 나의 의견을 들어주지 않는 이유는 팀장님 스스로가 팀장인 자신과 팀원 간의 정보량과 경력 차이를 무시할 수 없다고 판단해서이며, 또한 실제로도 그 '짬'은 무시할 수 없기 때문이다. 따라서 나의 의견과 팀장님의 의견이 다른 경우 나의 의견을 논리적으로 설득하기가 정말 어렵다. 오히려 논리적으로 설득하려고 하면 할수록 감정의 골만 깊어지는 경우도 많다. 나의 주장을 관철함으로써 얻는 것(업무를 여러 번 하지 않아도 되는 점)보다 잃는 것(팀장님으로부터 '나의 팀원은 전후 사정도 모르면서 자기주장만 세다.' 또는 '나의 팀원은 나의 말을 따라주지 않는다.'라는 부정적인 평가를 받는 것)이 훨씬 크다.

그뿐만 아니라 앞에서 말한 바와 같이 내가 맞을지 틀릴지 확실하지 않은 상태에서 나의 의견을 고집하는 것에는 리스크가 있다. 그래서 필자는 **번거롭고 손이 두 번 가게 될지언정 팀장님 의견을 먼저 들어주고 난 후, 이것이 어떤 부분에서 잘못되었다고 생각하는지 그 부분을 추후 설명하는 전략이 좋다고 생각한다.**

2장

헷갈리지 않는,
명확한 보고서

보고 의도에 맞춘
메시지 도출하는 방법

72쪽의 그림2-1은 메시지의 정의이자 일반적인 보고서의 구조다. 모든 보고서에는 보고서마다 가장 말하고 싶은 한 가지의 메인 메시지가 있고, 그 메인 메시지를 설명하는 서브 메시지들이 있다. 그리고 그 서브 메시지들을 설명하는 내용들이 있다. 그림을 보면 알겠지만 웬만한 보고서들이 대부분 이러한 피라미드 메시지 구조다. 여기서 메시지는 '보고서를 통해 전달하고자 하는 1~2줄의 주장 또는 의견'으로, 이 책에서 말하는 '메시지'라는 단어는 주로 '메인 메시지'를 의미한다.

그림2-1 ⦿ 메시지의 정의(=보고서의 구조)

메시지 = 보고서에서 전달하고자 하는 주장, 사실, 의견을 1~2줄로 요약한 것

메시지의 정의를 보고의 목적에 따라 분리해서 보자. 설득 목적의 보고서는 주장과 그에 대한 근거가 들어가게 되므로, 이때의 메시지는 '어떤 목적이나 이유 때문에 무엇을 해야 합니다'라는 식이 된다. 반면 공유 목적의 보고서는 주장 대신 사실과 의견이 들어가야 하므로 '어떤 사실이 있기 때문에 우리는 이렇게 대응해야 합니다'라는 식으로 메시지가 나올 것이다. 이렇게 보면 설득 목적과 공유 목적 보고서의 결론이 모두 '무엇을 해야 합니다'가 되어 큰 차이가 느껴지지 않는다.

사실 차이가 없어야 되는 것이 맞다. 왜냐하면 보고서의 목적이란 결국 경영적 의사 결정을 지원하는 것이기 때문에 궁극적인 메시지는 '회사가 어떻게 의사 결정을 해야 하는지에 대한 실무자의 의견'이 되기 때문이다. 하지만 필자가 이 책에서 보고의 목적을 설득과 공유로 분리한 이유는 두 목적에 따라 보고서 안에서 각각 강조해야 할 점이 달라지고, 포함되어야 할 내용과 이야기를 풀어가는 방식 역시 달라지기 때문이다.

메시지 먼저? 자료 조사 먼저?

1장에서 설명했던 일반적인 보고서 작성 프로세스(23쪽)는 모든 보고서에 동일하게 반영되지 않는다. 상황에 따라서는 자료 조사를 먼저 한 뒤, 그다음 메시지를 뽑는 경우도 있다.

그럼 보고서의 메시지는 언제 도출하는 것이 좋을지, 메시지 도출 시점에 대해 이야기해보자. 편의상 자료 조사 전에 먼저 메시지를 도출하는 접근법을 탑다운(Top-down) 접근법, 자료 조사를 먼저 한 후 메시지를 도출하는 접근법을 바텀업(Bottom-up) 접근법이라고 하겠다.

탑다운 접근법은 '이럴 것이다' 하는 가정을 먼저 설정하고 난 뒤에 보고서를 작성하는 방식이다. 보고서를 작성하면서 이 가정이 실제로 맞는지 틀린지를 자료 조사를 통해 확인해간다. 보통 컨설턴트들이 주로 사용하는 방식으로, 모든 자료를 분석하는 것이 아니라 맨 처음 설정한 가정을 중심으로 관련 자료나 데이터를 분석하기 때문에 효율적으로 업무를 진행할 때는 탑다운 접근법을 사용하는 것이 좋다. 제안서나 기획서 등 설득

그림2-2 ▸ 상황에 따라 변경 가능한 보고서 작성 프로세스

상황에 따라 변경 가능

의도 파악하기 → 메시지 & 구성 잡기 → 자료 수집하기 → 시각화하기

그림2-3 ➡ 메시지 도출 시점에 따라 구분되는 탑다운&바텀업 접근법

메시지 도출은 언제 하는 게 가장 좋을까?

탑다운 접근법 | 메시지 도출 → 자료 조사

VS.

바텀업 접근법 | 자료 조사 → 메시지 도출

목적의 보고서를 작성할 때 주로 사용한다.

반면 바텀업 접근법은 자료 조사를 먼저 한 뒤 메시지를 도출하기 때문에 구체적인 가정을 설정하고 보고서를 작성하기 시작하지 않는다. 즉 메시지에 대한 다양한 가능성을 열어두고 주제와 관련해 찾을 수 있는 모든 데이터를 분석하는 방식이 바텀업 접근업이다. 보통 실적 분석이나 결과 보고에서 많이 쓰이며, 발생 가능한 기회와 리스크들을 파악하고자 할 때 필요한 방식이다.

이 책은 설명 편의상 가설을 먼저 정해놓고 전개되는 탑다운 접근법을 설명의 기조로 하고 있다는 점을 참고 부탁드린다.

좋은 메시지를 쓰기 위해서는 어떤 특징을 갖춰야 할까? 일단 다음의 예시부터 살펴보자.

상사로부터 "최근 소비 트렌드 중 한 꼭지 잡아서 정리 좀 해주세요."라는 업무 요청을 받았다. 이때 보고받는 사람은 유통사업팀장, 보고의 목적은 어떤 트렌드가 있는지 공유하는 것이라고 가정해보자. 이 자료는 유통사업팀장에게 보고하는 자료이니 유통 사업 중심으로 접근해야 하고, 어떤 소비 트렌드가 있는지 그 '사실'뿐만 아니라 어떻게 대응해야 하는지에 대한 나의 '의견'까지 보고서에 공유해야 한다. 이제 이 보고서에 들어가야할 메시지를 예시로, 좋은 메시지의 특징을 본격적으로 살펴보자.

좋은 메시지는 전체 문서를 포괄해야 한다

예시: "최근 MZ세대를 중심으로 비대면 배달 건수가 늘고 있습니다."

좋은 메시지는 문서의 일부분이 아니라 문서 전체의 내용이 반영되어야 한다. 앞서 봤던 그림2-3 속 보고서의 구조를 다시 보자. 메인 메시지는 보고서 전체를 아우르는 내용이다. 하지만 위 예시는 유통사업과 관련된 소비 트렌드 중에서 일부인 '비대면 배달 건수'에 대한 내용만을 다루고 있기 때문에 지나치게 지엽적이다. 따라서 좋은 메시지라고 보기 어렵다.

구체적이고, 명확해야 한다

예시: "최근 MZ세대를 중심으로 타인과 접촉을 꺼리는 언택트 소비가 뜨는 것 같습니다. 이에 따라 당사는 적극적으로 대응해야 합니다."

사실을 전달하면서 "~인 것 같습니다."라는 추정형 어미를 쓰면 메시지 자체의 신뢰도가 낮아 보인다. 또한 위 예시에는 적극적으로 '어떻게' 대응해야 하는지 구체적인 내용이 포함되어 있지 않다. 보고서는 구체적인 실행 방안을 제시해주어야 한다. 추상적이고 개념적인 이야기는 누구나 할 수 있는 탁상공론일 뿐이다. 물론 메시지에 반영하지 않고 본문에서 방안을 구체적으로 설명할 수도 있다. 하지만 메시지에서도 어떤 전략을 실행하고자 하는지 그 대응 전략을 언급해줄 필요는 있다.

단순히 남의 의견을 넣어서는 안 된다

예시: "경제 전문가 XXX 씨에 따르면 최근 MZ세대를 중심으로 타인과 접촉을 꺼리는 언택트 소비가 뜨고 있다고 합니다."

상사나 임원진은 회사나 조직의 내·외부 상황을 정확하게 알지 못하는 경제 전문가의 의견을 듣고 싶어서 우리에게 보고서를 쓰게 하는 것이 아니다. 우리 역시 전문가의 의견을 대변하려고 보고서를 쓰는 것이 아니다. 만일 남의 의견이 보고서에 들어간다고 하더라도 전문가의 의견은 나의 의견을 지지하는 근거가 될 수는 있지만, 메인 메시지 자체가 되어서는 안 된다. 또한 단순히 전문가의 의견을 옮기는 것으로 끝나면 안 되고, 내 생각에도 전문가의 의견이 맞다고 생각하는지, 다른 전문가들 또는 관련 데이터들도 그렇게 얘기하는지 분석해보고 의견을 옮겨 써야 한다.

감정적인 표현은 제거한다

예시: "최근 MZ세대를 중심으로 타인과 접촉을 꺼리는 언택트 소비가 뜨고 있어 아쉽습니다."

믿기 힘들겠지만 실제로 메시지를 이렇게 쓰는 사람들이 있다. 메시지에 감정적인 표현을 쓰게 되면 보고서의 전문성이 전혀 느껴지지 않는다. 흡사 남의 일기를 보는 것 같은 기분까지 든다. 따라서 '좋다' '싫다' '아쉽다' '안타깝다' 등의 감정적 표현은 메시지뿐만 아니라 보고서 자체에서 쓰지 않는 것이 좋다.

메인 메시지는 한 가지 내용만을 포함해야 한다

예시: "MZ세대 언택트 소비 확대에 따른 대응 전략을 도출하고, 언택트 소비에 상대적으로 익숙하지 않은 당사의 50대 이상 장년층에 집중해야 합니다."

메인 메시지가 두 개 이상이 되면 보고서에서 말하고 싶은 내용이 무엇인지 읽는 사람이 한 번에 파악하기 어려워진다. 위 예시도 언택트 소비에 익숙한 MZ세대를 공략하자는 뜻인지 언택트 소비에 익숙하지 않은 50대 이상 중장년층을 공략하자는 뜻인지 메시지가 불명확하다. 위 예시는 두 개의 메시지가 서로 다른 이야기를 하고 있기 때문에 좋은 메시지라고 보기 어렵다.

물론 언택트 소비 확대에 따른 세대별 대응 전략을 작성하기 위해 보고서에서 다양한 세대별 대응책을 다뤄야 할 수 있다. 이럴 때는 "코로나 확산에 따른 소비 트렌드는 세대별로 다른 양상을 보이고 있으므로 천편일률적인 대응 전략이 아닌 각 세대별 특성에 맞춘 세분화된 전략을 세워야 한다."는 식의 메시지가 적절할 것이다.

지금까지 좋은 메시지의 특징들을 살펴보았다. 이런 특징들을 감안해 사실과 의견이 들어가도록 메시지를 다시 써본다면 이렇게 될 것이다.

"코로나19 확산으로 MZ세대 중심의 언택트 소비가 확대됨에 따라 무인 편의점 확대 등 대응 전략을 추진해야 합니다."

실습

"사무자동화 솔루션 도입에 대해서
경영지원본부장님께 한번 이슈레이징 해보죠"

이 실습은 지난 실습과 이어진다. 잠시 1장으로 돌아가, 58쪽의 예시1-7을 보고 오자. 중간보고를 거치면서 업무 지시 내용과 메시지가 '초과 근무 수당 증가 관련 지급 현황 분석 및 대응 방안'에서 '사무자동화 솔루션 도입'으로 변경되었다. 또한 보고 의도 파악을 통해 보고 대상도 경영지원본부장님으로 변경되었으니, 보고서는 전보다 훨씬 전사 차원의 비용 효율적 관점에서 접근해야 할 것이다. 보고의 목적도 설득이므로 사무자동화 솔루션을 도입해야 한다는 주장뿐만 아니라 왜 사무자동화 솔루션을 도입해야 하는지 근거가 포함되어야 할 것이다. 이로써 보고 의도 파악은 끝났으니, 이제 보고서의 메시지를 뽑아볼 차례다.

우리는 사무자동화 솔루션이 기존의 단순 반복 업무를 가치 업무로 전환시키므로 비용 대비 효과가 높다는 점을 강조하고 싶다. 이를 메시지에 반영해본다면 "비용 효율화와 가치 업무 전환을 위해 사무자동화 솔루션을 도입해야 합니다."가 될 것이다. 물론 이것도 정답이 있는 것은 아니다. 다만 메시지만 봐도 보고서에 대략 어떤 내용이 포함되겠다는 것이 예측 가능하고, 더불어 메시지 자체로 사무자동화 솔루션을 도입하고 싶다는 의도가 느껴진다면 우선은 메시지로서의 역할을 다한 것이다.

수십 수백 장이 한 목소리를 내도록 스토리라인 짜는 법

보고서의 흐름, 스토리라인

이 책에서 스토리라인이란 서브 메시지를 전개하는 방식을 의미한다. 우리가 흔히 알고 있는 소설의 스토리라인(이야기, 소설, 영화, 프로그램 시나리오 등의 플롯)과 비슷한 의미다. 스토리라인이 소설에서는 줄거리를 어떻게 이끌어나갈지에 대한 것이라면, 보고서에서는 메시지를 어떻게 이끌어나갈지에 대한 것이라고 볼 수 있다.

그림2-4 ◐ 스토리라인의 정의

스토리라인 = 메시지 전개 방식

메인 메시지

스토리라인 ──

서브 메시지 　서브 메시지 　서브 메시지

근거　근거　근거　근거　근거　근거

내가 쓴 보고서가 까이는 이유

이번에는 우리가 직장에서 흔히 들었던 나쁜 피드백을 사례로 들어 스토리라인을 구성하는 방법을 설명하고자 한다. 보고서를 쓰다 보면 이렇게 다양해도 되나 싶을 정도로 각양각색의 이유로 까이게 된다. 특히 많이 듣게 되는 부정적인 피드백은 다음의 세 문장으로 추릴 수 있다. "그래서 하고 싶은 말이 뭐예요?" "이 내용은 왜 들어가 있어요?" "이런 내용이 빠졌네요." 이 셋의 공통점은 바로 스토리라인에 문제가 있다는 점이다. 예시를 통해 각 피드백마다 벌어지는 상황을 살펴보자.

"그래서 하고 싶은 말이 뭐예요?"

이해를 돕기 위해 구두 보고를 사례로 들어보겠다. 예시2-1을 함께 살

예시2-1 **"그래서, 하고 싶은 말이 뭐예요?"**

보고받는 사람: 서비스 운영 팀장 / **보고의 목적:** 외주 업체 선정(설득)

김 사원
> "이번에 외주 업체 선정 관련해서 업력과 업계 평판,
> 비용 등을 고려했습니다. A사는 업력이 2년으로 짧은 반면에
> 가격이 가장 저렴했습니다. B사는 업력이 5년 수준이고
> 가격도 중간 수준입니다. C사는 업력이 15년으로 가장 길고
> 업계 평판도 매우 좋습니다. 하지만 비용적인 측면에서는
> A사 대비는 10%, B사 대비는 5% 이상 비쌉니다."

팀장님
> "그래서, 하고 싶은 말이 뭐예요?"

퍼보자. 외주업체 선정을 위한 보고에서 김 사원은 검토해본 업체들의 업력, 업계 평판, 비용 등에 관한 내용을 말하기 시작한다. 보고를 듣던 팀장님은 김 사원의 말을 끊어버리고 "그래서, 하고 싶은 말이 뭐예요?"라고 김 사원을 쏘아붙인다. 김 사원의 보고에서 잘못된 점은 무엇일까? 그것은 바로 메시지가 명확하지 않다는 점이다.

사람들은 무의식적으로 "저는 이것도 검토해보고, 저것도 검토해봤어요."라고 자신이 한 일에 대해 어필하고 싶어 한다. 그래서 자신이 한 업무를 주로 맨 앞에 이야기한다. 즉 본래 의도했던 보고서의 목적(외주 업체 선정 결과 보고)과는 전혀 다른 메시지(외주 업체 검토 과정)를 강조해서 전달하게 되는 것이다. 하지만 보고를 받는 사람 입장에서는 무엇을 검토했는지 그 과정보다는 검토 결과(보고서의 메시지, 이 예시에서는 어떤 업체가 외주업체

로 가장 적합한지)가 더 궁금하다.

그렇다면 메시지를 명확하게 하기 위해서는 어떻게 해야 할까? 바로 메시지를 두괄식으로 전개하는 일이 필요하다. 메시지를 두괄식으로 작성하기 위해서는 보고서 맨 앞에 전체 내용을 한 페이지 내에서 파악할 수 있도록 요약해 넣는 것이 좋다. 이때 메인 메시지와 서브 메시지는 반드시 포함되어야 한다.

두괄식으로 보고서를 작성해야 하는 이유는 두 가지로 나눌 수 있다. 첫째, 보고를 받는 사람(의사 결정권자)은 보통 정말 바쁘다. 하루에도 수십 개의 보고서를 검토해야 하고, 의사 결정을 내려야 한다. 따라서 처음부터 명확하게 말하고 싶은 메시지를 알려준다면 글 전체를 읽는 데 이해가 수월해지고 내용 파악도 잘 되기 때문에 보고서를 빠르게 읽을 수 있어 신속한 의사 결정에 도움이 된다. 물론 모든 의사 결정을 다 꼼꼼히 살펴보고 신중하게 판단하는 것이 좋겠지만 현실적으로 그것이 쉽지 않을 수 있기에, 우리는 의사 결정권자가 보고서의 앞부분만 읽고도 그 내용을 파악할 수 있게끔 해야 한다.

두 번째, 인간이 가진 주의 집중 시간은 매우 짧다. 2013년, 마이크로소프트 캐나다의 연구팀은 인간이 한 사물에 집중하는 평균 시간이 8초라는 연구 결과를 발표했다. 즉 이론적으로는 보고받는 사람의 주의를 잃지 않게 하려면 초반 8초 안에 메시지를 던져야 하는 것이다. 따라서 보고받는 사람이 최대한 빠르게 보고 내용을 파악할 수 있도록 보고서는 두괄식으로 작성하는 것이 좋다.

"이 내용은 왜 들어가 있어요?"

예시2-2와 같은 경우도 주변에서 많이 볼 수 있다. 유튜브에 대한 보고서인데 인스타그램이 최근 크게 성장하고 있으니 관련 내용도 추가하는 것이다. 이때 문제는 유튜브와 인스타그램의 내용이 섞이게 되는 데 있다. 이로 인해 "이 내용은 왜 들어가 있어요?"라는 피드백을 받게 되는 것이다. 이런 피드백을 받는 이유는 메시지와 관계없는 내용이 포함되어 본 메시지가 잘 전달되지 않기 때문이다.

필자의 경험이다. 타사 팀장님과 밥을 먹을 기회가 있었는데 그분이 한 팀원 이야기를 꺼내며 답답함을 토로한 적이 있다. 예를 들어 그분이 "테

예시2-2 *"이 내용은 왜 들어가 있어요?"*

보고받는 사람: 광고 상품 팀장 / 보고 목적: 유튜브 광고 현황 보고(공유)

김 사원	"유튜브 광고 매출의 성장이 두드러집니다. 최근 5년간 평균 YoY 성장률은 20%를 상회했으며, 전체 광고 시장점유율도 3%나 증가했습니다. 또한 인스타그램의 광고 매출은 전년 대비 20% 상승했습니다."
팀장님	"우리 유튜브 얘기하고 있던 거 아니었나요? 인스타그램 얘기는 왜 나온 거죠?"
김 사원	"최근 인스타그램도 크게 성장하고 있어서 보시면 좋을 것 같아서요."
팀장님	"…"

이블 위에 젓가락이 있나요?"라고 물어보면 그 팀원은 "물컵이 있고, 앞접시가 있습니다. 식사는 아직 나오지 않았습니다."라고 한다는 것이다. 물론 팀원 입장에서는 물컵, 앞접시, 식사가 나왔는지의 여부가 중요하고 궁금할 수 있다. 하지만 팀장님 입장에서는 팀원이 질문의 핀트를 잘못 짚은 채, 동문서답을 했다고 느끼게 된다.

이렇게 간단한 예시로 설명하면 독자 여러분은 당연히 그 팀원이 이상한 대답을 했다고 생각할 수 있다. 그러나 현실에서는 회사 업무가 '젓가락이냐 물컵이냐' 하는 간단한 문제가 아니기에 실제로 저도 모르게 이렇게 질문과 관계없는 대답을 하는 사람이 정말 많다. 보고서도 마찬가지다. 아무리 중요한 내용이더라도 메시지와 관련 없는 내용이 들어가면 의도한 메시지가 정확히 전달되지 않는다. 그러니 젓가락을 얘기할 때는 젓가락만, 물컵을 얘기할 때는 물컵 얘기만 하도록 하자.

만약 예시2-2처럼 내가 판단했을 때 인스타그램이 급격하게 성장하고 있어 팀장님에게 따로 보고할 필요성이 느껴진다면 별도의 보고서를 만들거나 해당 내용을 보고서의 본문이 아닌 첨부 자료로 빼는 것이 좋다.

"이런 내용이 빠졌네요"

김 사원의 재무 실적 보고를 예시2-3으로 살펴보자. 보고 내용 중 "프로덕트A의 판매량은 급감했지만, 프로덕트B의 판매량은 급증했다."라는 내용은 보고받는 사람으로 하여금 궁금증을 유발한다. 왜냐하면 전체 매출이 감소했음에도 불구하고 프로덕트B의 판매량은 늘었기 때문이고, 이 결

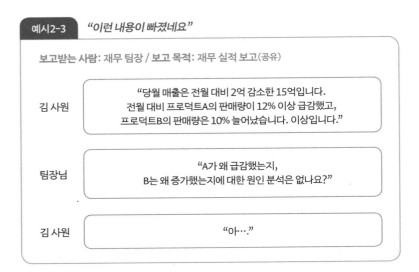

예시2-3　　　"이런 내용이 빠졌네요"

보고받는 사람: 재무 팀장 / 보고 목적: 재무 실적 보고(공유)

김 사원　　　"당월 매출은 전월 대비 2억 감소한 15억입니다.
전월 대비 프로덕트A의 판매량이 12% 이상 급감했고,
프로덕트B의 판매량은 10% 늘어났습니다. 이상입니다."

팀장님　　　"A가 왜 급감했는지,
B는 왜 증가했는지에 대한 원인 분석은 없나요?"

김 사원　　　"아…."

과의 차이를 유발하는 원인을 밝혀낸다면 판매량이 급감한 프로덕트A의 개선점을 찾을 수 있을 것이기 때문이다. 하지만 이러한 질문을 예상하지 못한 김 사원은 당황할 수밖에 없다. 즉 "이런 내용이 빠졌네요."라는 피드백은 '중요하지만 누락된 메시지가 있다'는 의미이다.

보고서를 작성할 때는 보고받는 사람이 궁금해할 것 같은 내용들을 미리 예상해 보고서에 포함해두는 게 좋다. 상사에게 질문을 받기 전에 미리 상사가 할 질문을 예상해 파악해두는 일이 중요한 이유는 실전에서 추가 질문이 줄어들기 때문이다. 팀장님이 처음 질문했을 때 대답하다 말이 꼬이면 추가 질문이 꼬리에 꼬리를 물고 이어지면서 결국 확인해야 하거나 수정할 내용들이 쏟아지는 경험을 한 번쯤은 다들 겪어봤을 것이다. 따라

서 추가 질문의 여지 자체를 없애는 것은 보고서 작성 과정에서 정말 중요하다.

예를 들어 어떠한 일에 대해 결과나 실적이 나왔다면 그 실적의 원인은 반드시 넣어야 한다. 딱 결과만 보고 싶어 하는 사람은 없다. 회사는 지속적으로 성장하고 발전해야 하는 조직이다. 이를 위해서는 이 결과가 어떻게 나왔는지를 파악해야 회사의 성장과 발전을 위한 개선점을 찾을 수 있다. 마찬가지로 추세를 분석하고 있다면 급증, 급감 등의 특이한 현상이나 데이터도 따로 설명을 덧붙여야 한다. 물론 1장의 '보고 의도 파악의 첫 번째, 보고받는 사람 구분하기'에서 언급한 바와 같이 팀장님의 스타일을 먼저 파악한 뒤 팀장님이 궁금해할 것 같은 내용을 미리 포함해두는 일도 필요하다.

또한 보고서에는 논리적으로 누락된 메시지가 없어야 한다. 이를 점검하기 위해서는 서브 메시지들만 뽑아서 읽어보는 과정이 필요하다. 읽으면서 흐름이 논리적이지 않거나 누락된 메시지가 있다고 느껴진다면 반드시 흐름을 다시 검토해 보고서를 수정해야 한다. 보고서 전체를 다시 점검하기에는 내용이 많아 흐름을 파악하기 어렵고, 이미 그 보고서에 너무 매몰되어 있기 때문에 점검하기가 쉽지 않다. 따라서 누락된 메시지가 없는지 검토할 때는 서브 메시지만 뽑은 상태에서 어색한 부분은 없는지, 모든 서브 메시지가 한 목소리(메인 메시지)를 내는지를 점검해봐야 한다.

지금까지의 내용들을 정리해보겠다. 좋은 스토리라인을 구성하기 위해서는 다음의 3가지 사항에 유의하도록 하자.

① 두괄식, 즉 보고서의 맨 앞에 보고서의 메시지를 파악할 수 있도록 전체 내용을 요약해서 넣는다.

② 아무리 중요하더라도 메시지와 직접적으로 관계없는 내용은 뺀다. 만약 너무 중요하다면 별도 보고를 하거나 첨부로 넣는다.

③ 메시지와 관련해 보고받는 사람이 궁금해할 것 같은 내용들은 보고서에 미리 포함시킨다.

설득하는 보고서의
스토리라인

보고 의도에 따라 달라져야 하는 스토리라인

스토리라인을 전개하는 방식은 '보고 의도'에 따라 달라진다. 거듭 얘기했듯 보고 의도는 '보고의 목적'과 '보고받는 사람'으로 나눌 수 있고, 보고의 목적은 '설득'과 '공유'로 분류할 수 있다. 설득 목적의 보고서는 기획서와 제안서가 대표적이다. 반면 회의록이나 결과 보고, 실적 분석, 동향 조사 보고서는 공유를 목적으로 한다. 보고받는 사람은 역할과 배경지식, 직책 등으로 구분할 수 있다. 이와 같이 보고 의도는 보고서의 메시지와 스토리라인에 영향을 주기 때문에 메시지와 스토리라인을 구성하기에 앞서

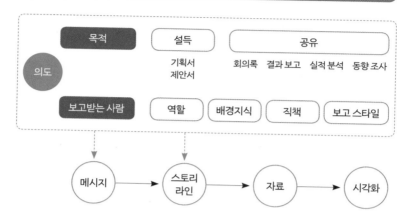

그림2-5 ● 보고 의도에 따라 달라지는 메시지와 스토리라인

보고 의도를 먼저 파악해야 하는 것이다.

보고 의도뿐만이 아니라 '보고서의 유형'에 따라서도 스토리라인은 달라진다. 이 책에서는 필자가 생각하는 논리적인 보고서의 내용 흐름을 기준으로 기획서, 회의록 등 각기 다른 보고서마다의 스토리라인을 설명하고자 한다. 아직 보고서 작성에 익숙하지 않은 독자라면 일단 필자가 설명하는 스토리라인을 해당 보고서에 모두 반영해보는 것을 권한다. 다만 필자가 말하는 보고서 내용 흐름이 절대적인 것은 아니다. 보고서에 들어가는 각 항목 또한 설명 편의상 분류해둔 것이기에 실전에서는 모든 항목을 다 넣지 않아도 되고, 해당 항목으로만 구성할 필요도 없다. 따라서 실제로 보고서를 작성할 때는 이 책의 설명을 바탕으로 보고서 내용을 본인의 회사에 맞게 조정하기 바란다.

설득을 위한 스토리라인을 구체적으로 알아보기 전에 보고서의 구조와 앞에서 메시지에 관해 배운 내용을 다시 떠올려보자. 보고서 안에서 메시지란 '보고서를 통해서 전달하고자 하는 1~2줄의 주장 또는 의견'을 말한다. 이때 좋은 메시지는 구체적이고 명확해야 하고, 감정적인 표현을 배제해야 하고, 단순하게 타인의 의견만 넣어서는 안 되며, 한 가지 내용만 포함하되 전체 보고서를 포괄하고 있어야 한다.

좋은 스토리라인을 짜기 위해서는 다음의 3가지 원칙을 지키면 된다. 첫째, 메시지를 명확히 전달하기 위해 두괄식으로 전개할 것. 둘째, 중요하더라도 메시지와 직접적으로 관계없는 내용은 삭제할 것. 셋째, 논리적 구조에서 누락된 메시지가 있는지 점검할 것. 이를 잘 기억해두자.

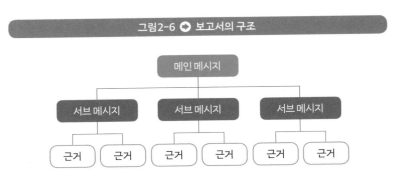

그림2-6 ◐ 보고서의 구조

기획서와 제안서는 이렇게 구성하면 됩니다

설득을 목적으로 하는 보고서에는 '기획서'와 '제안서'가 있다. 기획서와 제안서는 문제 해결 또는 목적 달성을 위해 보고서가 의도하는 방향으로 보고받는 사람의 생각이나 행동을 바꾸게 만드는 것이 최종 목적이다.

이 유형의 보고서를 작성할 때 맨 처음에 들어가야 할 내용은 바로 '요약'이다(두괄식! 잊지 않았기를 바란다). 보고서의 맨 앞에 전체 보고서의 내용, 즉 주장과 근거를 요약해 넣어주는 것이다. 그 뒤에는 요약과 별개로 주장의 근거를 다시 넣어준다. 이미 요약에서 주장의 내용을 간략하게나마 언급했으므로, 바로 주장을 다시 써주는 것보다는 주장이 나오게 된 배경을 설명해주는 것이 논리적으로 설득력 있기 때문이다.

주장의 근거로는 보고의 목적이나 배경, 현황 또는 기대 효과, 유사 사례 등이 있을 수 있다. 주장을 어떻게 추진할 것인지 실행 방안을 구체적으로 설명한 뒤에는 마지막으로 보고받는 사람의 의사 결정이 필요한 부분에 대해 정리하면 된다. 보고서의 맨 마지막에 의사 결정 필요 사항을 넣어주는 이유는 그래야 보고 대상의 기억에 가장 오래 남기 때문이다. 또한 이렇게 의사 결정 필요 사항을 별도로 짚어주어야 보고받는 사람 입장에서도 자신이 뭘 해줘야 하는지를 명확하게 파악할 수 있다.

만일 사내가 아닌 외부 거래처에 무언가를 제안할 목적의 보고서라면 실행 방안에 제안 내용을 넣되, 의사 결정 필요 사항에 외부 거래처에서 제공해야 하는 리소스(비용이나 인력, 마케팅 지원 등)를 넣어주면 된다.

그림2-7 ⊙ 기획서 또는 제안서의 구성

기획서 / 제안서

목적 문제의 해결 또는 목적의 달성을 위한 방법을 제안하고 설명하는 문서

구성 01 요약 주장

02 근거 목적
배경
현황/기대 효과 ── 근거
유사 사례

03 실행 방안 주장

04 의사 결정 필요 사항 주장

보고받는 사람에 맞춘 스토리라인

보고서는 보고받는 사람에 따라서도 달라진다. 광고주 대상 워크숍 준비를 지시받은 상황이라고 가정하고, 보고받는 사람을 영업팀장과 경영기획 담당자, 두 사람으로 나눠서 보고서가 어떻게 바뀌어야 하는지 알아보자.

영업팀장은 이 워크숍을 주최하는 팀의 조직장이다. 즉 워크숍의 A부터 Z까지 모든 사항을 파악하고 있어야 한다. 따라서 워크숍의 목적과 효과뿐만 아니라 상세한 운영안까지 공유해야 한다. 반면 경영기획 담당자

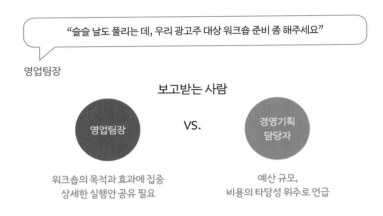

그림2-8 ▶ 보고 대상에 따라 바뀌는 '광고주 대상 워크숍 준비' 내용

"슬슬 날도 풀리는 데, 우리 광고주 대상 워크숍 준비 좀 해주세요"

영업팀장

보고받는 사람

영업팀장 VS. 경영기획 담당자

워크숍의 목적과 효과에 집중
상세한 실행안 공유 필요

예산 규모,
비용의 타당성 위주로 언급

는 예산을 관리하고 비용의 적정성을 검토하는 역할이다. 따라서 상세한 운영안보다는 예산 규모와 비용의 적정성을 검토하기 위한 자료 위주로 공유하는 것이 좋다.

예를 들어 영업팀장에게 워크숍 기획안을 제출한다면 앞에서 설명한 기획서의 스토리라인을 참고하면 된다. '요약(워크숍 기획안 승인 요청) → 근거(워크숍 진행 목적 및 기대 효과) → 실행 방안(일시, 장소 등 워크숍 진행 계획) → 의사 결정 필요 사항(워크숍 기획안 승인 요청)' 순이다.

보고서의 맨 처음에는 메인 메시지인 "워크숍을 진행하고자 하니, 기획안에 대해 승인 부탁드립니다."라는 내용이 들어가야 한다. 그다음에는 워크숍 진행이라는 주장을 뒷받침하기 위한 근거로 이 워크숍을 왜 진행해야 하는지(목적과 기대 효과 등)에 대한 내용이 포함되어야 할 뿐만 아니라 워크숍 일시와 장소, 참석 대상과 식순, 그리고 예산까지 설명해야 한다. 영업팀장은 워크숍 추진의 책임자이기에 세부적인 내용까지 보고해야 하는 것이다. 일반적인 기업의 경우 영업팀장에게 기획안 승인을 받으면 그후 실제로 이 비용을 집행해도 되는지 경영기획 담당자의 승인을 받는다.

경영기획 담당자는 워크숍 비용 승인을 결정하는 역할이기 때문에 메시지 또한 "워크숍을 진행하고자 하니, 비용 승인 부탁드립니다."라고 변경해야 한다. 스토리 라인은 '요약(워크숍 진행을 위한 비용 승인 요청) → 근거(비용 집행의 타당성) → 실행 방안(비용 상세 내용) → 의사 결정 필요 사항(비용 승인 요청)'이 될 것이다. 즉 근거에서는 이 비용이 예산 내에서 집행되는 것이 맞는지, 비용이 적정한지를 검토하기 위한 상세 내용들을 더 추가하면 된다. 이처럼 '어떤 역할과 배경지식, 직책을 가진 사람을 위한 보고서인가'에 따라서도 보고서의 내용은 완전히 다르게 구성된다.

공유를 위한
스토리라인

공유를 목적으로 하는 보고서에는 회의록, 실적 분석, 결과 보고, 동향 조사가 있다. 각각의 보고서 유형을 상세하게 살펴보자.

회의록은 이렇게 구성하면 됩니다

회의록의 목적은 회의에서 논의한 내용과 회의 결과로 합의한 내용을 정리하고 공유하는 데 있다. 즉 우리가 회의에서 이런 내용을 다뤘고, 이렇게 합의하기로 했음을 공식적으로 문서화하는 것이다.

회의록의 스토리라인은 다음과 같다. 여타 보고서와 같이 맨 먼저 '회의 내용 요약'이 등장한다. 이는 사실 정석이다. 이후 '회의 일시와 참석자, 주제, 회의에서 논의한 내용'을 공유하고, 이를 통해 '합의한 내용'을 구체적으로 정리한 후, '이후 진행되어야 하는 사항'들을 정리하면 된다. 이것이 회의록 본연의 목적에 충실한, 논리적 흐름의 보고서 작성법이다.

여기서 주의해야 할 점이 있다. 공유 목적의 보고서에는 사실과 함께 '의견'도 들어가야 한다는 것이다. 회의록의 스토리라인에서는 결과 요약이 곧 메시지가 된다. 그러나 회의 내용과 합의 내용은 그저 사실 자체이므로, 추후 진행 사항에서 어떤 부분이 앞으로 살펴봐야 할 중요한 포인트

그림2-9 ▶ 회의록의 구성

회의록

목적 회의에서 논의한 내용과 회의 결과 합의한 내용을 정리하고 공유

구성 01 회의 내용(결과) 요약   메시지

　　　 02 회의 내용 　일시 팩트
　　　　　　　　　　　참석자 팩트
　　　　　　　　　　　의제 팩트

　　　 03 합의 내용 팩트

　　　 04 추후 진행 사항 팩트 / 의견

　　　 05 담당자 의견 의견

인지 회의록 안에다 담당자의 의견을 넣어주는 것이 좋다.

또한 회의록은 공유 목적이기 때문에 회의 내용이나 합의 내용 등의 사실 자체에 대해서 보고받는 사람에 따라 내용을 바꾸지 않아도 괜찮다. 다만 담당자의 의견은 보고받는 사람이 누구냐에 따라서 보고서 내에서 강조해야 할 중요 포인트가 달라질 수 있으므로 필요 시 이 부분에 한해 보고받는 사람에 따라 보고서를 다르게 작성해야 한다.

예를 들어 외부 거래처와의 미팅 회의록을 작성한다고 해보자. 이때 담당자의 의견에는 외부 거래처와의 협상 포인트가 포함되어야 할 것이며, 이는 우리만의 전략이기에 외부 거래처와 공유해서는 안 될 것이다. 즉 내부에 공유될 회의록 내에만 포함되어야 한다. 이렇게 담당자의 의견에 관해서는 내부와 외부에 각각 공유되는 내용이 달라져야 한다.

결과 보고는 이렇게 구성하면 됩니다

결과 보고는 결과를 정리하고 원인을 분석해서 개선 방안을 제시하고 공유하는 것을 목적으로 한다. 결과 보고의 구성을 간단히 설명하면 다음과 같다. 먼저 '결과 요약'을 제시한다. 그다음 '진행 내용'과 '결과 상세(지표 분석)'를 공유한 뒤, '원인 분석'을 한 후 마지막으로 '결과 보고에서 얻을 수 있는 시사점'을 정리하면 된다.

결과 보고 역시 보고서의 맨 처음에 결과를 요약해 작성한다. 이후 진

그림2-10 ● 결과 보고의 구성

결과 보고

목적 결과를 정리하고, 원인을 분석해 개선 방안을 공유

구성 01 결과 요약 메시지

02 진행 내용 팩트

03 결과 상세(지표 분석) 팩트

04 원인 분석 의견

05 시사점 의견

행 내용을 먼저 적고 그 뒤에 결과와 원인을 정리한다. 이는 "어떤 이벤트가 어떻게 진행되어 어떤 결과에 도달했고, 그 결과는 어떤 원인 때문이다."라는 분석 과정의 흐름을 설명해줘야 읽는 사람의 이해를 높일 수 있기 때문이다. 이 분석 과정에서 도출된 시사점은 마지막에 정리해준다. 상황에 따라서는 원인과 결과를 분리하지 않고 한 번에 적어도 괜찮다.

이처럼 결과를 보고할 때는 항상 원인 분석이 필요하다는 점, 그리고 사실과 의견이 모두 들어가야 한다는 점도 기억하자. 단순히 분석과 의견 없이 기계적으로 일정과 예산, 내용과 결과만 나열하는 보고서는 가치가 낮을 수밖에 없다. 35쪽의 가트너의 분석 성숙도 모델을 떠올려보자. 따라서 원인 분석과 이 결과 보고에서 얻을 수 있는 시사점을 통해 작성자의

예시2-4 **"이번 프로모션 결과 공유해주세요" – 수정 전**

보고받는 사람: 마케팅팀장		☒

01	일정	XX년 1월 10일 10:00 ~ 12일 24:00
02	예산	총 3천만 원(할인 비용 분담 2천만 원, 온라인 광고 집행 1천만 원)
03	내용	사발면, 오렌지주스, 귤젤리, 왕만두 총 4개 상품 30% 할인
04	결과	거래액 및 매출: 거래액 +50억 원, 매출 +2억 원 구매자 수: 신규 가입자 + 0.1만 명, 구매자 + 0.3만 명 상품별 판매 수량…

의견을 꼭 포함시켜야 한다.

"이번 프로모션 결과 공유해주세요."라는 결과 보고 지시를 받았다고 가정하고 다시 한번 내용을 정리해보자(예시2-4). 우선 보고 대상이 마케팅 팀장이라고 한다면 마케팅 퍼포먼스 분석 위주로 결과 보고를 준비해야 한다는 방향성을 잡는다. 프로모션 결과에 대한 보고이기 때문에 그다음은 일정을 우선 정리하고, 얼마의 예산을 사용했는지, 어떤 프로모션을 진행했는지, 그 결과는 어떠했는지 정리한다. 여기서 문제점은 무엇일까?

예시2-4에는 4가지 문제점이 있다. 첫째, 보고서임에도 불구하고 두괄식이 아니다. 이 예시에서는 일정이 맨 앞에 들어가 있다. 일정이 우리가 말하고 싶은 메인 메시지는 아닐 것이다. 둘째, 결과에 대한 평가가 없다. 즉 거래액 50억 원 증가, 매출액 2억 원 증가가 좋은 성과인지 나쁜 성과

보고받는 사람: 마케팅팀장 ○

01	**요약**	특가 프로모션으로 약 2억 원의 추가 매출 발생, 신규 가입자 0.1만 명 유치하였으나, 30%의 역대급 높은 할인율에도 불구, 특가 상품의 매력도 부족으로 전월 프로모션 대비 저조한 결과 달성. 따라서 상품 선정에 유의 필요

02 프로모션 개요

1. 일정: XX년 1월 10일 10:00 ~ 12일 24:00
2. 예산: 총 3천만 원(할인 비용 분담 2천만 원, 온라인 광고 집행 1천만 원)
3. 노출 구좌: N사 모바일 배너 11일 2시 타임, SMS 발송 200만 건 등
4. 내용: 사발면, 오렌지주스, 귤젤리, 왕만두 총 4개 상품 30% 할인

03 프로모션 성과 분석

특가 상품의 낮은 매력도 때문에 기존 특가 프로모션과 비교 시 매출 효과 저조

1. 거래액 및 매출: 거래액 +50억 원, 매출 +2억 원
2. 구매자 수: 신규 가입자 +0.1만 명, 구매자 +0.3만 명
3. 상품별 판매 수량…

04 시사점

할인율보다는 상품 자체의 매력도가 더 중요하므로 상품 선정에 유의 필요

인지 알 수 없다. 예를 들어 과거 유사한 프로모션에서 20억 원이 증가했었다면 이번 프로모션은 매우 좋은 성과이지만, 100억 원이 증가했었다면 나쁜 성과일 것이다. 또한 이번 프로모션의 목표가 100억 원이었을 때와

30억 원이었을 때 역시 결과에 대한 평가가 달라졌을 것이다. 이렇게 절대 수치는 그 수치 자체가 아닌, 평가 기준에 따라 좋고 나쁨이 정해진다. 셋째, 결과에 대한 원인 분석이 없다. 왜 이런 (좋거나 나쁜) 결과가 나타났는지 원인 분석이 필요하다. 근본적인 원인 분석 없이는 이후 프로모션에서 더 좋은 결과를 내기 위한 개선 방안을 도출할 수 없다. 넷째, 개선 방안에 대한 제안이 없다. 결과 평가에 맞춰 좋은 결과라면 더 좋게 할 수 있는, 나쁜 결과라면 반대로 좋게 만들 수 있는 개선 방안이 있어야 보고서의 가치가 올라간다.

이러한 문제점을 고려해 보고서를 수정해본다면 예시2-5와 같을 것이다. 먼저 요약에 보고서 전체 내용을 포괄할 수 있는 메시지를 작성해주고, 프로모션이 어떤 내용으로 진행되었는지 구체적으로 정리한다. 이후 프로모션 성과를 정리하면서 평가 기준에 따른 성과 평가를 적고, 성과가 나빴다면 왜 나빴는지 원인 분석을 적어준다. 마지막에는 앞으로 어떻게 개선할 수 있을지로 마무리해준다. 수정 전의 보고서보다 더 많은 시사점을 제공하게 되었으므로 훨씬 가치 있고 좋은 보고서가 되었다.

실적 보고는 이렇게 구성하면 됩니다

실적 보고는 실적을 분석해서 원인을 파악하고 대응 방안을 도출하는 것이 목적인 보고서다. 사실상 결과 보고와 크게 다르지 않다. 다만 둘의

그림2-11 ● 실적 보고의 구성

실적 보고

목적　실적을 분석하고 원인을 파악해 대응 방안 도출

구성　01 [요약] 메시지

　　　　02 실적 상세(지표 분석) 팩트

　　　　03 원인 분석 팩트

　　　　04 시사점 의견

차이점은 결과 보고는 이 결과를 내기 위해서 어떤 행위(프로모션, 기획전 등)를 특정해서 진행했을 때 하는 보고인 반면, 실적 보고는 어떤 행위를 특정할 수 없을 때의 결과를 분석하는 보고라는 점이다. 따라서 결과 보고의 구성에는 '진행 상황'이 있지만 실적 분석에는 진행 상황이 없다.

　실적 보고 역시 다른 보고서와 마찬가지로 메시지를 압축해 정리한 '요약'으로 시작한다. 그다음 '실적 상세(지표 분석)' '원인 분석' '시사점' 순으로 정리한다. 원인 분석은 앞에서 누차 설명한 대로 표면적 원인이 아니라 근본적 원인을 파악하도록 노력해야 한다는 점을 잊지 말자.

　"이번 달 재무 실적 분석해주세요."라는 지시를 받았다고 가정하고 내용을 정리해보자(예시2-6). 우선 보고받는 사람이 누구인지부터 파악한다. 이 경우 재무팀장님에게 재무 실적 보고를 하는 케이스이기 때문에 회계

예시2-6 *"이번 달 재무 실적 분석해주세요" – 수정 전*

보고받는 사람: 재무팀장

매출은 YoY 10억 원 감소한 2,340억 원, 비용은 YoY 25억 원 감소한 1,340억 원으로, 영업이익은 1천억 원(YoY+15억) 달성

1. 매출 2,340억(YoY –10억, –0.4%)
2. 영업비용 1,340억(YoY –25억, –2%)
3. 자산 2,124억(YoY –6억, +0.3%)
4. 부채 5,123억(YoY +182억, +4%)

처리 변경 사항부터 자산과 부채, 매출과 손익 등 전체 재무 데이터 분석과 같은 본격적인 재무적 접근이 필요할 것이라는 점을 예상해볼 수 있다.

그럼 이제 이 보고서의 스토리라인을 보고 문제점을 찾아보자. 독자 여러분도 바로 파악했을 것이다. 바로 의견이 없다는 점이다. 단순히 결과만 쭉 나열했기 때문에 이 보고는 읽는 이에게 어떠한 시사점도 주지 못한다. 몇 번이나 강조했듯이 기계적으로 사실만 나열하는 것은 누구나 할 수 있다. 보고서의 부가가치를 창출하기 위해서는 자신만의 시사점, 의견을 제안할 수 있어야 한다는 점을 꼭 기억하자.

예시2-6을 수정하면 예시2-7과 같다. 수정 후를 살펴보자.

요약에서 전체 문서를 포괄할 수 있는 메시지를 작성해주었고, 상세에는 어떤 결과가 있었는지 개조식으로 정리하면서 원인 분석을 함께 작성했다. 원인과 결과를 한 번에 묶어서 정리한 것이다(특별한 기준이 있는 것은

보고받는 사람: 재무팀장

01	요약	영업이익은 코로나 영향에 따른 매출 감소에도 불구 마케팅비 감소로 1천억 원(YoY +15억) 달성하였으나, 코로나 장기화 예상으로 영업비용 관리 필요

02 　　상세　　1. 매출 2,340억(YoY -10억, -0.4%)
　　　　　　　　: 코로나 바이러스의 영향으로 의류 사업과 오프라인 식음료
　　　　　　　　　매출 급감
　　　　　　　2. 영업비용 1,340억(YoY -25억, -2%)
　　　　　　　　: 전년 대규모 할인 프로모션의 기저 효과
　　　　　　　3. 자산 2,124억(YoY -6억, +0.3%)
　　　　　　　　: 매출 감소에 따른 매출채권 및 미수금 감소
　　　　　　　4. 부채 5,123억(YoY +182억, +4%)
　　　　　　　　: 지분 인수 미지급금 증가

03 　　시사점　올해 코로나의 장기화가 예상됨에 따라 추가적인 매출 감소 발생
　　　　　　　가능, 영업이익 목표 달성을 위해서 영업비용 관리 필요

아니기에, 상황에 맞춰 원인과 결과를 묶어서 보여주는 것이 설명이 잘 된다면 이렇게 묶어서, 따로 보여주는 것이 설명이 잘 된다면 따로 보여주면 된다). 마지막으로는 시사점을 추가해서 우리가 전략적으로 어떻게 대응해야 하는지에 대해 정리했다.

동향 조사는 이렇게 구성하면 됩니다

동향 조사는 주요 업계 동향을 파악하고 대응 전략을 공유하는 것이 목적이다. 상대적으로 보고서의 구성이 간단하다. '요약'으로 시작해서 '동향을 상세하게 분석'해 설명한 후, 그 동향을 통해 '어떤 시사점을 얻을 수 있는지'로 마무리하면 된다. 동향 조사를 하다 보면 정말 다양하고 포괄적인 정보들을 접하게 되는데, 그 안에서도 자사 또는 현안과 직간접적으로 영향이 있을 것으로 예상되는 내용만 추려 구조화해 정리하는 게 좋다.

오프라인 사업부 팀장님에게 동향 조사 보고를 한다고 가정해보자. 아래의 예시에서 3개의 문장을 빼야 한다면 무엇을 골라내야 할까?

① 언택트 소비는 타인과 접촉을 꺼리는 문화와 코로나19 유행, 스마트폰의 대중화가 복합적으로 나타난 결과입니다.

그림2-12 ◐ 동향 조사의 구성

동향 조사

목적   주요 동향 파악 및 대응 전략 공유

구성   01 요약 메시지

02 **동향 상세** 팩트

03 **시사점** 의견

② 극장보다 넷플릭스나 왓챠 등 OTT 플랫폼이 선호되고 있습니다.

③ 무인 편의점 결제액이 전년 대비 82% 이상 성장했습니다.

④ 최근 젊은 세대들 사이에서 타인과 접촉을 꺼리는 언택트 소비가 확대되고 있어 무인 편의점 확대 등 대응이 필요합니다.

⑤ 무인 주차관제 시스템 사용 건수가 전년 대비 10% 이상 성장했습니다.

⑥ 식품 새벽배송 시장이 4년 만에 80배 성장했습니다.

⑦ 익일 배송 출고량이 전년 대비 35% 증가했습니다.

⑧ 키오스크 주문 고객이 전년 대비 20% 증가했습니다.

⑨ 앞으로도 언택트 소비 시장은 크게 확대될 것으로 예상되는 바이므로 무인 편의점 확대, 키오스크 자체 개발 등 시장 성장 대응이 필요합니다.

바로 ②, ⑥, ⑦이다. 이 셋은 온라인 사업 관련 내용이기 때문에 오프라인 사업부 팀장님에게 전달할 동향 조사에 적합하지 않다(물론 현실에서는 온라인 사업에 대해서 오프라인 사업부 팀장님에게 내용을 공유해야 할 때가 있을 수 있지만 이 예시에서는 명확한 이해를 위해 온·오프라인 사업은 완벽하게 분리되어 있다고 가정한다). 하지만 항상 ②, ⑥, ⑦을 골라내야 하는 것은 아니다. 골라내야 하는 문장은 '보고받는 사람'에 따라서 또 달라질 수 있다.

문장을 성격별로 분류해보면 보고서의 메시지가 될 요약에 해당하는 내용은 ④다. ③, ⑤, ⑧은 동향에 대한 내용이고, 원인 진단과 그에 따른 대응 방안을 제시하는 ①과 ⑨가 인사이트에 해당한다.

명확하고 간결하게
보고서 내용 표현하는 법

보고서 작성에서 가장 중요한 것은 바로 보고 내용을 명확하고 간결하게 표현하는 것이다. 명확하고 간결하게 표현하는 것은 보고서 작성의 기본 중의 기본이므로 다음의 3가지를 기억하자. 핵심 키워드 뽑기, 약어로 용어 대체, 불필요한 내용 삭제.

핵심 키워드 뽑기

아무리 긴 글이어도 꼭 들어가야 하는 핵심 키워드를 파악한다면 내용을 간결하게 요약할 수 있다. **핵심 키워드 파악은 명확하고 간결하게 표현하기 위한 가장 중요한 포인트다.** 아래 인터뷰 지문 예시를 살펴보자.

Q: 직원들이 **성과**를 내기 위해서는 어떻게 해야 할까요?

A: 자발적인 동기부여를 유도해야 합니다. 즉 직원들 스스로 좋은 성과를 내게 만들어야 하는 것이지요. 이를 위해서는 **수평적인 조직 문화**가 필요합니다. 직원들은 수평적인 조직 문화 안에서 창의성을 발휘할 수 있고, 이를 통해 성과를 낼 수 있습니다.

Q: 수평적인 조직 문화는 어떻게 만들 수 있나요?

A: 수평적인 조직 문화는 **권한 위임과 자율적인 업무 환경**에서부터 시작됩니다. 업무를 할 때 직원들에게 많은 **권한과 자유**를 주면 됩니다. 이를 통해서 자신이 낸 결과물에 대한 책임과 성과를 가져갈 수 있습니다.

이제 인터뷰 내용 안에서 문장별로 핵심 키워드를 뽑아보자. 첫 번째 문장은 성과를 내기 위한 방법을 질문한 것이므로 핵심 키워드는 '성과'가 될 것이다. 두 번째 문장의 핵심 키워드는 '자발적인 동기부여', 세 번째 문장은 '즉'이라는 접속사를 사용한 것으로 보았을 때, 두 번째 문장과 동일한 내용을 다르게 표현한 문장임을 추정해볼 수 있다. 이런 식으로 각 문장에서 핵심 키워드를 뽑아보면 '성과' '자발적인 동기부여' '수평적인 조직 문화' '권한 위임과 자율적인 업무환경' '권한과 자유'가 위 인터뷰 내용의 핵심 키워드가 될 것이다.

문장마다 핵심 키워드를 뽑았다면, 이제는 핵심 키워드들 간의 관계를 정리할 차례다. 성과를 내기 위해서는 자발적인 동기부여가 필요하고, 자발적인 동기부여를 위해서는 수평적인 조직 문화가 필요하다. 또한 수평적인 조직 문화는 권한 위임과 자율적인 업무 환경이 필요하고, 권한 위임과 자율적인 업무 환경은 권한과 자유를 주는 업무 환경을 의미한다. 결국 이 핵심 키워드들 간의 관계를 한 문장으로 요약하면 다음과 같다. "직원들에게 권한과 자유를 주면 성과를 낼 수 있다."

압축된 단어 또는 업계 통용 약어 사용

업계나 회사에서 통용되는 약어가 있다면 대체해서 사용한다. 굳이 모든 단어를 풀어서 쓸 필요는 없다.

아래는 보고서를 쓰면서 많이 쓰는 약어들이다.

- 전주 대비 → WoW(Week On Week)

- 전월 대비 → MoM(Month On Month)

- 전분기 대비 → QoQ(Quarter On Quarter)

- 전년 대비 → YoY(Year On Year)

- 올해 누계(연초부터 기준시점까지의 누적) → YTD(Year To Date)

- 당월 누계(월초부터 기준시점까지의 누적) → MTD(Month To Date)

- 마이너스 성장, 성장 감소 → 역성장

- Follow up, 후속 조치 → F/U

- 확정되지 않은 내용, 미정 → TBD(To Be Determined or Decided)

- +, −가 합쳐져 효과가 없어지는 것 → 상쇄

- 증가시켜야 한다 → 제고 필요

- 상승하고 있다 → 상승세, 상승 중

- 사상 최고치를 달성했다 → Historical High

- 사상 최저치를 달성했다 → Historical Low

- 비교하는 시점에 따라 결과가 왜곡되는 현상(보통 비교시점에 있다가 기준시점에 없어지는 것에 주로 씀) → 기저효과

위 약어들 중 마지막의 '기저효과'란 다음과 같다. 예를 들어 전년도에 10억 원 규모의 대규모 마케팅이 있었고 올해는 없었다면, 올해 마케팅 비용은 전년 대비 10억 원 감소했을 것이다. 이 경우 보고서에는 "전년 대규모 프로모션의 기저효과로 전년 대비 당해 마케팅비 10억 원 감소"로 표현할 수 있다. 이처럼 무언가 비교시점(전년)에는 있었다가 기준시점(올해)에는 없어지면서 발생한 변화의 사유를 설명할 때 기저효과라는 단어를 사용한다.

글을 쓰다 보면 나도 모르게 똑같은 의미의 단어를 중복으로 사용하거나 중요하지 않은 수식어를 넣게 된다. 이런 점을 주의해서 한 번 더 퇴고를 거치면 훨씬 더 깔끔한 보고서가 된다. 이번에도 예시를 살펴보자.

• 수정 전

20XX년 12월 월간 회의 시, 30대 여성 고객 유입 증가로 인한 매출 증가로 A팀 수익 전월 대비 20% 가량 증가, 연간 목표 초과 달성 예상하는 중간보고 내용이 있었음

이 문장에서 중복되는 단어를 살펴보면 '월간 회의≒중간보고' '매출 증가≒수익 증가'다. 중복되는 단어들만 제거해도 표현이 간결하고 명확해진다. 또한 '가량'이라는 접사는 불필요한 수식어이기 때문에 삭제해주는 것이 좋다. 이제 이 내용대로 수정하면 다음과 같다.

• 수정 후

20XX년 12월 월간 회의 시, 30대 여성 고객 유입 증가로 A팀 수익 전월 대비 20% 증가, 연간 목표 초과 달성 예상

여기에 앞의 두 가지 방법, '핵심 키워드 뽑기'와 '동일한 의미의 압축된

단어 또는 업계 내 통용되는 약어로 용어 대체'도 적용해보자. 우선 핵심 키워드를 뽑아보면 '20××년 12월 월간 회의'라는 시점, '30대 여성 고객 유입 증가'라는 원인, '상반기 목표 초과 달성'이라는 최종 결과가 될 것이다. 여기서 A팀 수익 증가도 중요하다고 판단되면 그 내용까지 넣으면 된다.

그다음 동일한 의미의 압축된 단어 또는 업계 내 통용되는 약어로 대체할 단어가 있는지 보면, '전월 대비'라는 표현은 'MoM'으로 대체 가능하다. 따라서 수정 후 결과는 아래 ① 또는 ②와 같다.

- **최종 수정 후**
  ① 20XX년 12월 월간 회의 시, 30대 여성 고객 유입 증가로 연간 목표 초과 달성 예상
  ② (A팀의 수익 증가 내용이 중요한 포인트라면) 20XX년 12월 월간 회의 시, 30대 여성 고객 유입 증가로 A팀 수익 MoM +20% 및 연간 목표 초과 달성 예상

명확하고 간결하게 표현하기 위한 위 3가지 법칙을 꼭 기억해서 필요한 때에 바로 활용해보자.

3장

반박할 수 없는,
탄탄한 보고서

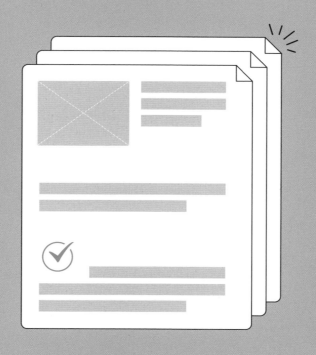

신뢰성과 논리성 높여줄
탄탄한 자료를 선별하는 요령

1장과 2장에서는 보고서의 요청 의도를 파악하고, 보고서의 스토리라인을 구성하는 방법에 대해 살펴보았다. 이번 3장에서는 스토리라인에 맞는 자료를 수집하는 방법에 대해서 알아보자.

탄탄한 자료의 네 가지 특성

탄탄한 자료는 보고서의 신뢰성과 논리성을 높여준다. '후광효과'라는 단어를 한 번쯤 들어봤을 것이다. 후광효과란 예를 들어 의약품 광고에서 일반인과 의학전문의가 의약품 효과에 대해 같은 말을 했을 때, 의학전문의의 말에 더 신뢰가 가는 현상과 같다. 특정 대상이나 사람에 대한 견해가 그 대상의 다른 세부 특성에 대한 평가에 영향을 미치는 것이다.

보고서에서 사용한 좋은 자료도 후광효과를 발휘한다. 그냥 나 혼자 말하는 것보다 리서치 기관, 통계청, 언론사의 자료가 더해지면 어떤 보고서라도 더 신뢰가 가기 마련이다.

그렇다면 어떤 자료가 좋은 자료일까? 필자가 생각하는 좋은 자료는 충분성, 신뢰성, 정확성, 적합성을 가지는 자료다.

충분성

자료에서 충분성이란 '자료가 수량적으로 충분해야 함'을 말한다. 예를 들어 월평균 온라인 쇼핑 거래액에 대한 자료가 필요하다고 가정해보자. 이때 4월 한 달 치 자료로 월평균 온라인 쇼핑 거래액을 설명할 수 있을까? 이것을 확인하기 위해서는 온라인 쇼핑의 시즈널리티, 즉 계절성이 얼마나 있는지를 확인해야 한다.

보통 온라인 쇼핑 거래액은 짧은 일수, 설 연휴 등 때문에 2월에 최저점을 찍고, 다시 서서히 증가하다 연말에 블랙프라이데이, 크리스마스 등으로 최고점을 찍는 경향이 있다. 그렇다면 4월 한 달 치로 월평균 온라인 쇼핑 거래액을 산출하기에는 데이터가 너무 적다고 할 수 있다. 적어도 12개월 치의 데이터가 있어야 한 해 동안의 계절성을 제거하고 볼 수 있다.

신뢰성

자료에서 신뢰성이란 '자료의 출처가 명확하고 공신력 있어야 함'을 말한다. 검색을 통해 쉽게 접근할 수 있는 블로그, 카페, 위키피디아, 신문기사보다는 리서치 전문 기관이나 컨설팅사의 리포트가 훨씬 신뢰성 높고 탄탄한 자료라고 볼 수 있다. 따라서 보고서를 작성할 때는 반드시 출처를 기록해 신뢰성을 높이고, 주석에서 자료 작성 기준에 대해 설명해주는 것이 좋다.

또한 평소에 각 업계에 특화된 리서치 전문 기관이나 컨설팅사의 메일링 서비스를 신청해서 정기 또는 비정기적으로 발행하는 보고서를 꾸준히 보는 습관을 기르는 것도 도움이 된다. 이를 통해 리서치 전문 기관이 작성한 보고서 내용을 우리 보고서의 자료로 넣을 수도 있고, 기관의 보고서에서 참고한 자료의 출처 등도 살펴볼 수 있다. 따라서 기관이나 컨설팅사의 보고서를 볼 때는 보고서 자체만이 아니라 보고서에서 어떤 자료를 활용해 자신들의 메시지를 전달했는지 꼼꼼히 확인하자. 업계 현안이나 트렌드를 파악할 수도 있고, 리서치 기관에서는 어떤 이슈에 집중하는지 또 그것을 어떻게 해석하는지도 참고할 수 있다.

정확성

자료에서 정확성이란 '데이터 자체에 오류가 없어야 함'을 말한다. 이는 자료를 직접 추출하거나 추출을 요청했을 때 더욱 중요해진다. 이때 어떤 방법으로 자료를 추출하더라도 결과값은 동일해야 한다.

자료를 직접 추출했거나 추출 요청을 통해서 수취했다면 보고서에 자료를 사용하기 전에 자료 자체의 정확성 검증 작업이 필수적이다. 정확성 검증을 위해서는 아래 4가지를 기본적으로 확인해보고, 이 중 하나라도 해당된다면 반드시 자료를 다시 확인해봐야 한다. 자료를 받아서 검증하지 않고 바로 보고서 작성을 시작했다가 자료가 잘못된 것이 확인되면 최악의 경우는 보고서를 아예 처음부터 다시 써야 할 수도 있다. 꼭 보고서 작성 전에 점검하도록 하자.

- 중간에 빠져 있는 데이터가 있다.
- 단위가 정확하지 않다.
- 특별하게 튀는(증가/감소) 데이터가 있다.
- 글자나 숫자가 깨져 있다.

다음의 예시들을 통해 자료의 정확성을 검증하는 4가지 방법을 좀 더 자세히 살펴보자.

중간에 데이터가 빠져 있는 경우

날짜	거래액(억 원)	결제 건수(만 건)	구매자 수(만 명)
01-01	1,280	983	917
01-02	1,238	972	912
01-03	1,223	890	982
01-04	1,259	912	916
01-05	1,192	930	947
01-06	1,174	952	899
01-07	1,392	1,100	1,043
01-08	1,238		
01-09	1,237		
01-10			
01-11	1,234	951	970

> 텍스트나 숫자가 비어 있는 게 있다면,
> 추출 시 잘못되었을 가능성 존재

예시3-1처럼 1년 치 거래액 자료를 받았는데, 특정일(예시에서는 1월 10일)에 데이터가 비어 있고, 이때 영업을 하지 않은 게 아니라면 자료가 잘못되었을 가능성이 매우 높다.

날짜	거래액(만 원)	결제 건수(만 건)	구매자 수(만 명)
01-01	1,280	983	917
01-02	1,238		912
01-03	1,223	890	982
01-04	1,259	912	916
01-05	1,192	930	947
01-06	1,174	952	899
01-07	1,392	1,100	1,043
01-08	1,238	932	910
01-09	1,237	954	940
01-10	1,230	963	950
01-11	1,234	951	970

결제 건수를 고려할 때
거래액 단위 만 원은 이상함

　예시3-2를 보자. 1월 1일 데이터를 보면 결제 건수가 983만 건인데 거래액이 1,280만 원으로, 거래 건당 객단가가 1.3원밖에 되지 않는다. 따라서 거래액의 단위가 잘못되어 있음을 추측해볼 수 있다.

특별하게 튀는 증가/감소 데이터가 있는 경우

날짜	거래액(억 원)	결제 건수(만 건)	구매자 수(만 명)
01-01	1,280	983	917
01-02	1,238	972	912
01-03	1,223	890	982
01-04	1,259	912	916
01-05	1,192		
01-06	1,174		
01-07	5,392	4,100	6,043
01-08	1,238	932	910
01-09	1,237	954	940
01-10	1,230	963	950
01-11	1,234	951	970

평소 대비 수치가 4~5배가 증가했는데, 정당한 사유가 없다면 데이터가 부정확한 것

예시3-3을 보면 보통 일 거래액이 1,200억 수준인데, 1월 7일에 평소의 5배 수준인 5,400억 원을 기록했다. 이때 정당한 사유가 없다면 자료가 잘못되었을 가능성이 크다. 필자 역시 한번은 담당하던 서비스의 일 매출이 평소의 2배로 집계된 적이 있다. 본부원들끼리 서로 고생했다며 즐거워하다가 혹시나 하는 마음에 데이터를 다시 살펴보니 집계 오류로 인해 매출이 중복으로 잡히고 있었던 것을 발견했다. 얼마나 허망하고 민망하던지. 매출 집계가 자동으로 된다고는 하지만 집계 코드 자체는 사람이 코딩하

글자나 숫자가 깨져 있는 경우

뷝뷁쒫	쌃쒰댐쒷떎	쌃쒰댐쒷떎	쌃쒰댐쒷떎
01-01	1,280	983	917
01-02	1,238		
01-03	1,223	890	982
01-04	1,259	912	916
01-05	1,192	930	947
01-06	1,174	952	899
01-07	1,392	1,100	1,043
01-08	1,238	932	910
01-09	1,237	954	940
01-10	1,230	963	950
01-11	1,234	951	970

> 텍스트나 숫자가 깨져 있다면
> 추출 시 잘못되었을 가능성 존재

는 것인 만큼 오류가 생길 수 있다는 점은 항상 기억하자.

예시3-4처럼 깨진 숫자나 텍스트는 추출 과정에서 오류가 있었다는 것을 암시하기 때문에 중간에 깨진 숫자나 텍스트가 있는지 한 번씩 훑어보는 게 좋다.

적합성

아무리 좋은 자료라도 내가 말하고자 하는 메시지와 관련이 없거나 자료의 범위가 맞지 않아 직접적인 연관성을 찾기 어렵다면 탄탄한 자료라고 하기 어렵다. 보고서에 쓰일 '과일 시장에 대한 자료'를 수집한다고 가정해보자. 다양한 과일 중 사과의 유통량만을 자료로 쓴다면 과일 시장 전체를 설명하기엔 범위가 너무 좁을 것이다. 그렇다고 신선식품 연간 구매액 자료를 첨부한다고 하면 신선식품 중 과일이 차지하는 비중은 높지 않을 테니, 이 또한 과일 시장 전체를 설명하기에는 범위가 너무 넓을 것이다(물론 적합성을 높이기 위한 방법은 존재한다. 이는 이번 장의 FAQ '자료를 좀 더 잘 찾고 싶어요'에서 후술하겠다). 이때는 '전체 과일 출하량' 같은 자료들이 과일 시장을 적합하게 설명할 수 있는 자료라고 볼 수 있다.

똑똑하게 자료를
관리하는 요령

앞서 탄탄한 자료가 어떤 자료인지 4가지 특징으로 알아보았다. 이제는 자료를 어떻게 수집하고 관리하는지 실습을 통해 살펴보자. 자료는 보고서 구성 항목(목차)별로 필요한 자료들을 리스트업해서 관리하는 것이 좋다.

"최근 레토르트 식품 시장이 성장하고 있다"

"최근 레토르트 식품 시장이 성장하고 있다."라는 메시지를 설명하기 위한 자료를 리스트업해보자. 필자는 일단 위 메시지 속 '성장'을 매출의 성장, 수량의 성장, 비중의 성장, 빈도의 성장으로 분류했다. 정답이 있는 것은 아니기 때문에 이런 식으로 구조화할 수 있다는 점만 참고하면 된다.

예시3-5를 보면 매출의 성장을 보여주기 위해서는 월별 레토르트 식품의 매출이 얼마나 성장하고 있는지에 대한 자료를, 수량적인 성장을 설명하기 위해서는 월별로 몇 개의 상품이 판매되었는지 그 추이에 대한 자료를, 비중의 성장에 대해서는 전체 식품 시장에서의 비중이 증가했는지, 감소했는지 그 추이에 대한 자료를, 빈도수의 성장에서는 인당 월 소비량/소

예시3-5	"최근 레토르트 식품 시장이 성장하고 있다" 자료 분류
'성장'의 분류	
매출	월 레토르트 식품 매출 추이
판매 상품 수량	월별 판매된 레토르트 상품 수량 추이
비중(%)	전체 식품시장에서 레토르트 식품 시장 비중(매출, 거래액 등)
빈도수	인당 월 소비량/소비금액

No.	구성항목	필요자료	요청부서	요청일	요청기한	수취여부	비고
1	매출 상승세	월A매출	재무팀	2/5	~3/4	○	
2	인당 인건비 증가	A사업부 인건비	재무팀	2/5	~3/4	○	
3		A사업부 인원 수	인사팀	2/5	~3/4	X	
4	채용인원 증가	경쟁사 채용 계획	신문 기사			○	

비금액 자료를 리스트업했다. 이렇게 보고서의 구성 항목(목차)별로 내용을 설명할 수 있는 자료를 목록화하면 된다.

　필요한 자료를 리스트업할 때는 메모장 등에 적어도 좋지만 필자는 어느 정도 익숙해질 때까지는 메모장보다 예시3-6과 같은 템플릿을 사용하는 것을 추천한다. 템플릿을 이용해 보고서의 구성 항목과 그 항목별로 필요한 자료들은 무엇인지, 자료를 어디에 요청해야 하는지, 언제 요청했는지, 언제까지 받아야 하는지, 실제로 받았는지, 특이사항은 없는지를 작성한다. 이렇게 항목별로 필요한 자료를 리스트업하면 자료 수취가 얼마나 되었는지 한눈에 볼 수 있기 때문에 자료 누락을 최소화할 수 있다.

"사무자동화 솔루션 도입에 대해서 경영지원본부장님께 한번 이슈레이징 해보죠"

1장(57쪽)과 2장(78쪽)에서 이어갔던 위 실습을 복습해보자. 1장에서는 보고 의도를 파악하면서 보고받는 사람은 인사팀장이 아닌 경영지원본부장이 되고, 사무자동화 솔루션을 도입하자는 내용이므로 보고 목적은 '설득'이 된다는 것을 확인한 바 있다. 따라서 보고서 안에 사무자동화 솔루션을 도입하자는 주장과 그것을 왜 도입해야 되는지 근거가 들어가야 한다는 것을 파악했다. 2장에서는 위 보고에서 "비용 효율화와 가치 업무 전환을 위해 사무자동화 솔루션을 도입해야 합니다."라는 메시지를 뽑았고, '설득을 위한 스토리라인(89쪽)'을 통해 보고서의 스토리라인을 '요약 → 주장 → 근거 → 실행 방안 → 의사 결정 필요 사항' 순으로 정리한 뒤 각 항목별로 서브 메시지를 뽑아야 한다는 것을 파악했다.

이번에는 위 보고서의 구성 항목(목차)을 '1. 인건비 상승에 따른 상대적 도입 가격 하락' '2. 솔루션 도입 시 절감 가능한 비용' '3. 경쟁사 사례'로 가정했을 때, 이 항목별로 각각 어떤 자료를 수집해야 할지를 템플릿에 작성해보자. 예시3-7처럼 방금 설명한 템플릿의 형태로 메시지와 필요 자료, 요청 부서, 요청일, 요청 기한, 수취 여부, 비고 등을 적어주면 된다.

사무자동화 솔루션 도입 제안서 - 자료 리스트업

No.	구성항목	필요자료	요청부서	요청일	요청기한	수취여부	비고
1	인건비 상승에 따른 상대적 도입 가격 하락	월별 인건비	재무팀	2/5	~2/16	O	
2		월별 인원수	인사팀	2/6	~2/16	X	
3		솔루션 도입 비용	외부	2/5	~2/16	X	
4	솔루션 도입 시 절감 가능한 비용	단축 가능한 업무 및 리소스 리스트	재무팀	2/5	~2/16	O	
5	경쟁사 사례	경쟁사 절감 비용	인사팀	2/6	~2/16	X	
6		동일 업무 인원수 비교					

⋮

내부에서 자료 수집하기

메시지별로 어떤 자료가 필요한지 리스트업을 했으면, 이제는 자료를 수집해야 한다. 자료를 수집하는 방법을 회사 내부와 외부로 나누어 살펴보자. 먼저 내부에서 자료를 수집하는 방법에는 다음의 3가지가 있다.

① 부서의 선후배에게 문의하는 방법

② 문서함을 통해 파악하는 방법

③ 자료 담당 부서에 요청하는 방법

첫 번째의 부서 선후배에게 묻는 방법과 두 번째의 문서함을 통하는 방법은 회사마다 차이가 크기 때문에 이 책에서는 다루지 않겠다. 따라서 세 번째인 '자료 담당 부서에 자료를 요청하는 방법'에 대해 상세히 살펴보자.

먼저 자료의 담당 부서와 담당자를 파악한다. 담당자를 파악한 상태라면 전화나 메신저보다는 우선 이메일을 통해 자료를 요청하는 것이 좋다. 이메일은 공식적인 커뮤니케이션 채널이면서 전화나 메신저보다 전후 사정과 요청 내용을 상세하게 설명할 수 있고, 요청 기록 또한 남게 되므로 내용 누락이나 소통 과정에서의 오해를 줄일 수 있기 때문이다. 이때 요청 내용과 요청 기한, 요청 사유를 반드시 포함해서 메일을 보내야 한다는 점을 기억하자.

요청 내용

요청 내용에는 내가 어떤 기준의 어떤 자료가 필요한지, 담당자가 어떤 자료 양식에 어떻게 작성해줬으면 하는지를 적어준다. 이때 자료 양식을 첨부해주는 것이 좋다. 이는 자료 담당 부서로부터 무조건 해당 양식에 딱 맞춰서 자료를 받아야 한다는 의미는 아니다. 내가 요청하는(원하는) 자료의 구조가 어떻게 되는지 담당 부서에서 참고할 수 있도록 하기 위해서다.

만약 양식을 첨부하지 않으면 자료 구조를 서로 다르게 이해할 수밖에 없기 때문에 내가 원하는 자료 형태나 구조가 나오지 않을 가능성이 매우 높다. 이 경우 추후 수정 요청이 필요해진다. 이를 미연에 방지하기 위해 미리 양식을 공유함으로써 내가 원하는 자료를 구체적으로 명확하게 설명하는 것이 좋다.

요청 기한

보고서 작성 일정을 맞추기 위해서는 자료가 필요한 시점을 자료 담당자에게 명확히 알려주는 일이 꼭 필요하다. 여기서 잊지 말아야 할 점은 자료 담당 부서가 우리의 요청 업무만 처리하는 것이 아니라는 점이다. 사실상 자료 담당 부서의 다른 업무에 우리의 요청 업무가 끼어들어간 것이라는 점을 기억하자.

요청 기한을 명확히 적어두면 담당 부서 안에서 일의 중요도와 시급성을 검토하고, 업무의 우선순위를 고려하는 데 도움이 된다. 이때 요청 기한은 보고서 마감 기한을 고려해 우리가 임의로 정한다. 다만 일정 조정이 가능하다면 조정이 가능하다는 점 또한 언급해주면 좋다. 담당 부서 입장에서 요청 기한이 지나치게 짧고 조정이 불가능해 보이면 요청자인 우리로부터 강압적이거나 너무 무리하게 요청한다는 느낌을 받을 수 있기 때문에 주의하는 것이 좋다.

요청 사유

요청 사유 역시 자료 요청 시 필수적으로 포함되어야 하는 내용이다. 요청 사유에는 자료가 어디에 어떤 목적으로 사용되는지에 대한 내용이 들어가면 된다. 요청 사유는 자료 요청의 정당성을 확보하는 것뿐만 아니라 담당 부서에서 어느 범위까지 자료를 제공할지 보안 리스크 등을 검토하는 데에도 반드시 필요하다. 보통 부서별로 자체적인 자료 제공의 보안 레벨을 정해둔 것이 있을 것이다(만약 명확한 가이드라인이 없다고 하더라도 별도로 검토할 것이다). 이때 우리의 요청 사유는 자료 담당 부서로 하여금 이 보안 레벨을 감안해 우리에게 어느 범위까지 자료를 전달할 수 있을지 검토할 수 있게 한다. 예를 들어 외부에 절대 공개되어서는 안 되는 자료를 요청했다고 가정하자. 요청 사유를 명확히 설명하지 않으면 담당 부서에서는 이 자료가 어디에 쓰일지 알 수 없기 때문에 자료를 전달하기 어렵다고 답하거나, 자료 사용처가 어디인지 되물을 것이다.

다시 한번 강조하자면, 이 자료는 우리의 필요로 요청하는 것이지 자료 담당 부서에서 필요한 자료가 아니기 때문에 여러 번 질문이 들어오지 않도록 한 번에 구체적으로 요청하는 것이 좋다. 자료를 잘 줄지 말지에 대한 칼자루는 자료 담당 부서가 가지고 있다. 따라서 자료를 요청할 때는 요청 내용, 요청 기한, 요청 사유를 명확히 작성해서 자료 담당 부서가 최대한 번거롭지 않도록 미리 신경을 써두는 것이 중요하다.

재무팀에 '월별 인건비 총액 자료' 요청하기

앞선 실습에서 리스트업했던 자료 중 재무팀에 '월별 인건비 총액 자료'를 요청하는 연습을 해보자.

초안을 예시3-8과 같이 작성해보았다. 이 경우 첫 번째 문제점은 메일 제목만 보았을 때 어떤 목적의 메일인지 전혀 알 수가 없다는 것이다. 이 메일도 다른 보고서와 마찬가지로 두괄식으로 작성되어야 한다. 즉 이메일의 수신자가 제목만 보고도 메일 전체 내용이 파악되어야 한다는 것이다. 하지만 예시 속 이메일의 제목은 소속과 이름만 밝히고 있지, 메일 내

예시3-8 월별 인건비 총액을 요청하는 메일 쓰기 – 초안

제목: 안녕하세요. 인사팀 신가영입니다.

안녕하세요.
나날이 날씨가 추워져 갑니다. ㅠㅠㅠ
많이 추워진 겨울 날씨에 마음까지 추워지지 않으셔야 할 텐데,
요즘 회계팀 분위기는 어떠신지 모르겠네요. ㅎㅎㅎㅎ

다름이 아니라 저희가 **월별 총 인건비** 전달 부탁드리려고 메일 드립니다.

문의사항 있으시면 편하게 연락 주세요^_^
감사합니다.

용에 대한 언급은 전혀 없다. 두 번째, 월별 총 인건비 기준에 대한 내용이 없다. 기간은 언제부터 언제까지, 어떤 비용을 인건비로 보는 것인지 등에 대한 내용이 전혀 없어서 요청받은 부서가 다시 한번 그 기준을 확인해야 한다. 혹 요청받은 부서가 자료를 임의로 뽑았다면, 이때 반영된 기준과 나의 의도가 달라 자료를 다시 요청해야 할 수도 있다. 세 번째, 요청 기한 도 없어 자료를 요청받은 부서 입장에서는 자료가 얼마나 시급한지 알 수 없기에 업무의 우선순위를 낮게 잡을 수밖에 없다. 네 번째, 쓸데없는 인

예시3-9 *월별 인건비 총액을 요청하는 메일 쓰기 – 수정안*

제목: [인사팀] XX년 월별 총 인건비 자료 요청의 건 ○

안녕하세요.
전사 인당 인건비 증가 추이 분석을 위하여 **월별 총 인건비 자료**를 요청드리고자 메 일을 드립니다.

1. 요청 내용
　1) 대상 기간: XX-1년 1월~ XX년 7월(총 1년 7개월)
　2) 인건비 기준: 기본급, 초과근무수당, 복리후생비를 포함한 전체 인건비
　3) 작성양식 첨부
2. 요청기한: ~8월 14일
3. 요청사유: 전사 인건비 증가 추이 분석 및 대응 전략 검토

문의사항 있으시면 편하게 말씀주세요.
감사합니다.

인사팀 신가영 드림

사말이 너무 길다. 이 메일은 비즈니스 목적이라는 것을 잊지 말자. 개인적인 인사말은 따로 하고, 메일은 목적을 잘 알아볼 수 있게 정리하는 것이 좋다. 마지막, 이 자료가 어디에 어떤 목적으로 쓰이는지 알 수 없다. 무엇을 위한 자료인지, 정확한 자료의 목적을 간단하게라도 설명하고 있지 않아서, 메일을 받는 부서 입장에서 자료의 요청 사유를 번거롭게 한 번 더 물어봐야 할 수도 있다.

예시3-9는 위와 같은 여러 가지 문제점을 고려해 메일을 수정한 내용이다. 메일 제목만 보고도 어떤 목적으로 메일을 썼는지 알 수 있도록 작성되었으며, 자료 요청 시 필요한 요청 내용과 요청 기한, 요청 사유가 모두 포함되어 있어 잘 쓴 요청 메일이라고 볼 수 있다.

외부에서 자료 수집하기

이번에는 구글 검색 외에 외부에서 좋은 자료를 찾는 방법을 자료 유형별로 살펴보자.

유료 정보

회사에서 통계 지표를 참고하기 위해 유료 솔루션을 구매하는 경우가 많다. 유료 솔루션에는 무료로 찾기 어려운 전문적인 데이터가 많기 때문에 사내에서 활용 가능한 유료 솔루션을 파악해뒀다가 활용하면 좋다.

- **온라인 지표**: 닐슨코리아, 코리안클릭 등에서는 사이트별/앱별 이용자 수와 이용 시간, 페이지 뷰 등 온라인 지표를 제공한다.
- **애플리케이션 지표**: data.ai(구 앱애니), 모바일인덱스 등에서는 특정 앱의 마켓별 매출액과 카테고리 내 순위, 다운로드 수 등을 제공한다.
- **거시 지표***: 블룸버그, Statista, 로이터 통신 등에서는 산업 규모와 GDP, GNP 등 국가 및 산업 거시 지표를 제공한다.

무료 정보

다양한 협회와 기업 홈페이지 등에서는 유용한 정보를 무료로 제공한다. 특히 업종별 협회는 각 업종에 대한 통계 자료를 제공하는 일이 많기 때문에 특정 업종에 대한 보고서를 작성할 때 도움을 받을 수 있다.

- **업종별 통계 자료**: 업종별 협회 사이트(한국P2P금융투자협회, 한국예탁결제원 크라우드넷, 한국핀테크산업협회, 한국식품산업협회, 한국프랜차이즈산업협회, 한국콘텐츠진흥원 등)에서 찾아볼 수 있다.
- **기업별 재무 정보(기업별 증권사 리포트)**: 한경컨센서스, 매일경제 증권센터 등에서는 기업별 증권사 리포트를 제공하고 있어 기업별 재무 정보(매출, 비용, 영업이익 등)를 찾아볼 수 있다.

---

* 거시 지표란 거시적 경제 활동의 상태를 알아내기 위해 특정 경제 현상을 통계 수치로 나타낸 것. 국민 소득, 국내총생산, 경제 성장, 경기 변동, 고용과 실업, 물가와 인플레이션 따위가 있다.

- **경제, 경영, 산업 분석 및 기업 전략 자료**: 삼정KPMG, 삼일PwC와 같은 각종 컨설팅사 및 경영연구소에서는 산업별 분석 보고서, 경영 전략 보고서 등을 발간한다.
- **업종별 재무 지표**: 한국은행 기업경영분석에서는 업종별 재무 지표(매출액 증가율, 매출액 영업이익률, 부채비율 등) 분석 결과를 분기별로 발표하고 있어 업종별 가이던스를 확인할 수 있다.
- **학술 자료**: 구글 학술검색, 네이버 학술정보에서는 학술 논문 자료를 찾아볼 수 있다.
- **회사별 IR 자료**: 각 사 홈페이지에서 기업의 IR 실적 보고 자료 등을 확인할 수 있다.

FAQ

자료를 좀 더 잘 찾고 싶어요

"구글링을 잘하는 법이 궁금해요"

자료를 찾기 위해서는 구글 검색이 기본이다. 물론 구글 검색 외에도 다양한 내·외부 자료를 활용해 보고서를 작성할 수 있지만 검색을 아예 하지 않을 수는 없다. 그래서 보고서를 작성할 때 좀 더 효율적으로 검색할 수 있는 팁을 준비했다.

- 특정 단어가 정확하게 들어간 검색 결과 나오는 방법: "검색어"

  (예시) "온라인 광고 시장"

- 특정 검색어를 제외한 검색 결과를 보고 싶은 경우: 검색어1 -검색어2

  (예시) 창원에 있는 우도는 제외하고 제주도에 위치한 우도만 검색하고 싶은 경우,

  "우도 -창원"

- 복수 개의 검색 결과를 한 번에 보고 싶은 경우: 검색어1 or(|) 검색어2

  (예시) "삼성전자 or(|) LG전자"

- 복수 개의 검색어가 모두 포함된 검색 결과를 보고 싶은 경우: 검색어1 and 검색어2

  (예시) "삼성전자 and LG전자"

- 중간 단어가 생각이 안 나는 경우: 검색어 * 검색어

  (예시) '코로나 뉴 노멀'이라는 단어 중에서 '코로나'와 '노멀'만 기억나는 경우,

  "코로나 * 노멀"

- 배경 없는 이미지를 찾고 싶은 경우: 구글 검색창에 찾고자 하는 이미지 이름

  검색 > 도구 > 이미지 탭 > 색상 탭 > 투명 선택

그림3-1 ❯ 구글에서 배경 없는 이미지를 찾는 방법

- 특정한 파일 형태의 검색 결과만 보고 싶은 경우: 검색어 filetype: 파일 형태

  (예시) "현대백화점 22년 1분기 실적 filetype: pdf"

"특정 시장에 대한 통계를 찾기 어려워요"

자료를 찾다 보면 어떻게 해도 특정 시장 규모에 대한 통계 자료가 없을 때가 있다. 보통 새로 만들어진 시장이거나 기존 시장이지만 시장 규모가 작아 상세 데이터가 없는 경우다. 이럴 때 활용할 수 있는 두 가지 접근 방법을 설명한다.

탑다운(Top-down) 접근법

여기서의 탑다운 접근법은 내가 현재 자료 조사 중인 시장에 대한 정보는 없지만 그 시장을 포함하는 더 큰 상위 개념의 시장 자료가 있을 때, 우선은 그 상위 개념의 시장에서 내가 찾는 시장의 점유율을 적용하는 방법이다.

예를 들어 '올해 모바일 쇼핑 시장 규모'를 추정한다고 가정해보자. 올해 모바일 쇼핑 시장 규모를 찾기는 어렵겠지만 '온라인' 쇼핑 시장 추정에 대한 자료는 상대적으로 많다. 이때 모바일 쇼핑 시장 규모는 온라인 쇼핑 시장 규모에서 모바일 점유율을 곱해 추정할 수 있다.

올해가 2020년이었다고 가정하고 위 방법을 그대로 따라 해보자. 먼저

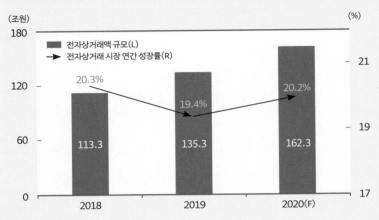

표3-1 ◐ 국내 전자상거래 시장규모 및 성장률 전망

(조원)

180

■ 전자상거래액 규모(L)
→ 전자상거래 시장 연간 성장률(R)

120

20.3%

19.4%

20.2%

(%)

21

19

60

113.3

135.3

162.3

17

0

2018   2019   2020(F)

자료: 통계청, 미래에셋대우 리서치센터 추정

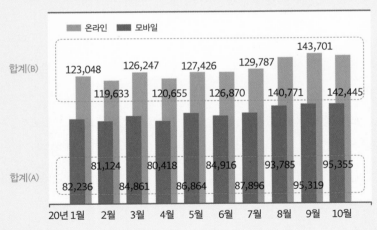

표3-2 ◐ 2020년 1월~10월 온라인 쇼핑 거래액 동향

■ 온라인 ■ 모바일

합계(B)

143,701

123,048   126,247   127,426   129,787

119,633   120,655   126,870   140,771   142,445

합계(A)

81,124   80,418   84,916   93,785   95,355

82,236   84,861   86,864   87,896   95,319

20년 1월 2월   3월   4월   5월   6월   7월   8월   9월 10월

출처: 통계청

그림3-2 ▶ 탑다운 접근법을 통한 시장 규모 파악하기

온라인 쇼핑 162.3조 원	×	모바일 점유율 (20년 10월 누적) 67.1%	=	모바일 쇼핑 108.9조 원

한국은행 또는 증권사 리포트 등에서 2020년 온라인 쇼핑 전자상거래액 규모(표3-1, 추정값은 162.3조 원)를 확인한다. 그다음 통계청의 온라인 쇼핑 거래액 동향 자료에서 2020년 1월부터 10월까지의 누적 모바일 점유율(표3-2, 1월~10월 모바일 거래액 합(A)/1월~10월 온라인 거래액 합(B)=67.1%)을 계산해서 추정해보면 2020년의 모바일 쇼핑 시장 규모는 약 109조 원이 나오는 것을 볼 수 있다.

바텀업(Bottom-up) 접근법

여기서의 바텀업 접근법은 내가 찾고자 하는 시장 규모에 포함되는 주요 플레이어들의 규모를 대략적으로 알 수 있을 때, 이들을 합해서 내가 찾는 시장의 규모를 확인하는 방법이다. 탑다운에 비해서 공수가 많이 들긴 하지만 적은 정보로 원하는 값을 추정할 수 있는 접근법이다. 단 바텀업 접근법이 가능하려면 아래의 조건들이 충족되어야 한다.

- 찾고자 하는 A시장의 주요 플레이어를 명확하게 알고 있다.
- 주요 플레이어 외에는 시장 규모에 큰 영향을 미치지 않는다.

- (정확히 동일한 시점은 아니더라도 비슷한 시점의) 주요 플레이어 각각의 매출이나 거래액 등의 타깃 지표를 파악할 수 있다.

구체적인 방법은 크라우드펀딩 시장 예시를 통해서 살펴보자.

1. 찾고자 하는 시장을 명확하게 정의한다

크라우드펀딩 시장의 규모를 알아본다고 가정하자. 크라우드펀딩은 형태에 따라서 크게 리워드형과 증권형, 대출형 등으로 분리할 수 있다. 이 중 구체적으로 어떤 시장을 대상으로 할지를 정해야 한다. 전체를 다 대상으로 잡을 수도, 일부를 대상으로 잡을 수도 있다. 이번 예시에서는 증권형 크라우드펀딩 시장을 대상으로 정의해보겠다.

그림3-3 ▶ 바텀업 접근법을 통한 시장 규모 파악하기

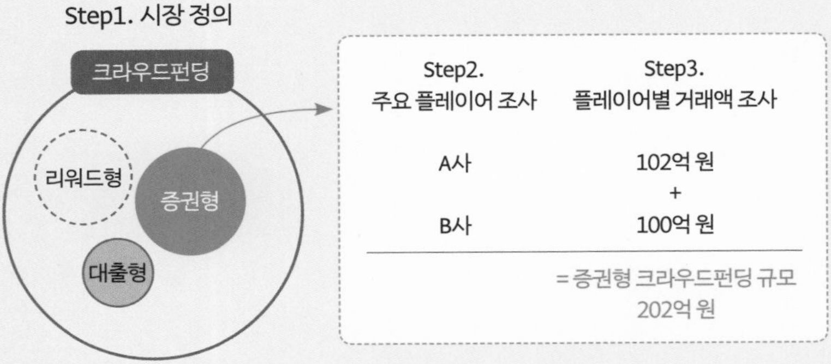

Step1. 시장 정의

크라우드펀딩

리워드형

증권형

대출형

Step2. 주요 플레이어 조사	Step3. 플레이어별 거래액 조사
A사	102억 원
+	
B사	100억 원
	=증권형 크라우드펀딩 규모 202억 원

2. 주요 플레이어를 조사한다

시장을 정의했다면, 이제는 해당 시장의 주요 플레이어를 조사한다. 설명의 편의상 증권형 크라우드펀딩 시장은 A사와 B사 이 2개의 주요 플레이어만 있다고 가정해보자.

3. 각 플레이어별 거래액을 찾아 더한다

보통 주요 플레이어들은 시장에 어필하기 위해 일정 수준의 규모를 달성하면 홍보 기사를 내는 경우가 많다. 기사가 없다면 업계 지인이나 각 사 IR 또는 홍보팀에 문의해볼 수도 있다. 물론 업계 지인을 통해 경쟁사 데이터를 확보하는 것은 실제로 매우 어렵다. 하지만 그만큼 가치 있는 정보이기 때문에 큰 경쟁력이 될 수 있다(따라서 평소에 업계 내 인맥 관리를 잘 해두는 것은 정말 중요하다). 이런 방법들로 각 플레이어별 시장 규모를 파악하고, 각각의 값을 더하면 끝이다. 만약 업체별로 홍보한 시점이 너무 다르다면 시점을 맞추기 위해 연간 성장률을 고려해 거래액을 추정할 수 있다.

① A사 보도자료를 통한 펀딩 실적 파악

→ 보도자료: "투자형 펀딩을 살펴보면 2020년 200억 모집이 예상된다. 2019년 대비 97% 증가했고, 프로젝트 오픈 건수는 100건으로 2019년 대비 112% 늘 것으로 예상… (중략) … 수수료는 5~7% 수준으로 ….."

② B사 IR팀으로부터 B사의 2019년 펀딩 실적 파악

→ IR팀 담당자: "당사는 전년(2019년) 약 100억 펀딩을 했습니다."

표3-3 ⊙ A사와 B사의 펀딩 실적 파악

거래액	2019년	2020년
A사	모름	200억 원(YoY+97%)
B사	100억 원	모름

위 ①, ②의 정보를 이해하기 쉽게 정리하면 표3-3이 된다.

그다음에는 두 회사에서 공개한 거래액의 시점이 2019년과 2020년으로 각각 다르기 때문에 이를 통일해주는 작업이 필요하다. 우선 A사는 YoY 성장률 정보가 있으니, A사의 2020년 펀딩 실적으로 2019년 펀딩 실적을 역산해볼 수 있다.

③ A사의 YoY 성장률을 감안해 2020년 펀딩 실적으로 2019년 펀딩 실적 역산

→ 2020년 펀딩 실적/(1+YoY 성장률(%)) = 2019년 펀딩 실적

200억 원/(1+97%) = 102억 원

이로써 2019년의 A사와 B사의 거래액 합계를 구해볼 수 있다.

④ 2019년 증권형 크라우드펀딩 시장 규모 202억 원 추정

→ A사 102억 원 + B사 100억 원 = 202억 원

표3-4 ▶ A사와 B사의 펀딩 실적 합계

거래액	2019년	2020년
A사	102억 원 =200억 원/(1+97%)	200억 원(YoY +97%)
B사	100억 원	모름
계	202억 원	모름

또한 위 ③, ④의 정보를 표로 나타내면 표3-4가 된다.

여기서 한 단계 더 나아간다면 앞서 보도자료를 통해 A사의 수수료율이 5~7%라는 내용을 파악한 바 있기 때문에 A사의 연간 매출이 10억~14억 원이라는 것까지도 도출해낼 수 있다.

→ A사 연간 매출 약 10억~14억 원(= 202억 원×5~7%)

이와 같이 내가 파악할 수 있는 자료의 성질에 따라서 탑다운이나 바텀 업 접근법을 적절히 사용하면 딱 맞는 통계 자료 없이도 한 분야의 시장 규모를 대략적으로나마 파악할 수 있다.

4장

한눈에 읽히는,
깔끔한 보고서

깔끔해 보이는 슬라이드의 기본 원칙!
레이아웃, 통일성, 가독성

직장인이라면 한 번쯤 '왜 내 PPT는 촌스럽고 지저분해 보이는데, 저 선배 PPT는 깔끔해 보일까?' 하는 고민을 해본 적이 있을 것이다. 정말로 똑같은 MS파워포인트(이하 PPT)나 키노트(Keynote)를 활용하는데, 왜 다른 결과가 나오는 걸까? 바로 레이아웃, 통일성, 가독성의 차이 때문이다. 이번 4장은 보고서 작성의 마지막 단계인 '시각화'를 기본 레이아웃에서부터 보고 유형별, 사용 프로그램별로 설명한다.

참고로 기업에 따라 보고서 작성 시 반드시 사용해야 하는 보고서 양식과 폰트가 있을 수 있다. 이때는 그 가이드를 철저히 지키고, 작성 가이드가 없는 부분에 한해 이 책을 활용하는 것이 좋다. 또한 이 책은 발표 목적의 보고서가 아닌, 보통의 업무 보고 목적의 보고서를 기준으로 시각화를 설명한다는 점도 참고하시길 바란다.

레이아웃: 메시지가 명확히 보이는 마법

1장부터 지금까지 보고서는 두괄식으로 전개해야 한다고 수차례 강조했던 것을 기억하는가? PPT의 레이아웃도 마찬가지다. 두괄식으로 레이아웃을 짜야 한다. 사람의 시선은 위에서 아래, 왼쪽에서 오른쪽으로 이동한다. 이를 고려한다면 두괄식 구성으로 헤드 메시지를 맨 위에 위치시킨

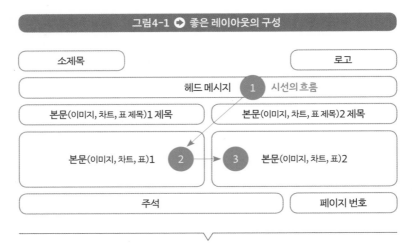

그림4-1 ◑ 좋은 레이아웃의 구성

시선의 흐름에 따라 헤드 메시지를 맨 위에 위치시키는
두괄식 구성 & 본문 2단 구성이 가장 기본적인 레이아웃

후, 2단 구성으로 그 아래 보고 내용을 넣는 것이 가장 기본이다. 그림4-1
처럼 헤드 메시지를 최상단에 배치해야 슬라이드 안에서 헤드 메시지가
가장 먼저 읽힌다.

반대로 그림4-2와 같이 헤드메시지를 하단에 위치시킨다면, 이 페이
지 안에서 좌측 상단의 "레이아웃"이란 글자가 가장 먼저 읽히고 맨 하단
에 위치한 헤드메시지("깔끔해 보이는 슬라이드의 기본 원칙은 레이아웃, 통일성,
가독성")는 가장 나중에 읽힌다. 실제로 이렇게 미괄식으로 작성되는 보고
서가 꽤 많다. 이는 보고서의 기본인 두괄식을 지키지 않았기 때문에 좋은
레이아웃이라고 보기 어렵다. 미괄식이 두괄식보다 보고에 있어서 효과
적인 경우는 극적인 효과가 필요한 신제품 발표 등 정말 극히 드문 경우를
제외하고는 거의 없다고 봐도 무방하다.

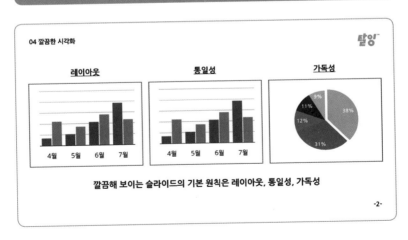

그림4-2 ◑ 헤드 메시지가 아래에 있는 나쁜 레이아웃

그림4-3 ▶ 대칭을 고려하지 않은 나쁜 레이아웃

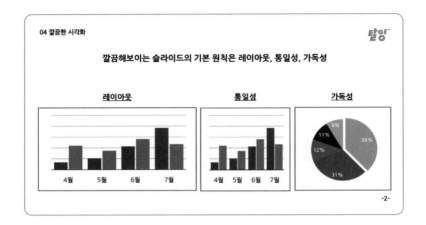

그림4-4 ▶ 대칭을 고려한 좋은 레이아웃

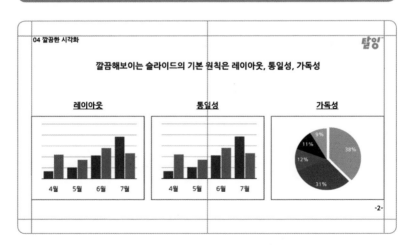

또한, 레이아웃을 구성할 때 신경 써야 하는 부분은 대칭이다. 인간은 유전적으로 대칭을 선호한다. 이는 대칭에서 주는 시각적인 안정감 때문이다. 보고서도 상하, 좌우의 대칭을 이룰수록 안정적으로 보인다. 만약 대칭을 고려하지 않는다면 보고서가 시각적으로 불안정하고 지저분하게 보일 수 있다.

통일성: 깔끔하고 정돈되어 보이기 위한 필수조건

PPT 보고서의 모든 슬라이드는 한 가지 양식으로 통일되어야 한다. 양식이 통일되어야 각 슬라이드가 하나의 문서로 통합되어 보이면서 산만해지지 않는다. 여기서 양식이란 폰트, 색상, 여백, 간격, 정렬 등 모든 시각화 요소를 의미한다. 특히 여백이나 정렬은 많은 사람이 간과하는 부분이니 특히 주의하는 것이 좋다.

모든 슬라이드의 여백과 정렬은 정확하게 일치해야 한다. 여백이나 정렬의 통일은 안내선을 활용하는 것이 좋다. 그림4-5와 같이 PPT 작성 시작 전에 상하좌우의 여백을 고려해 안내선을 넣고, 그 안내선에 따라 PPT 작성을 시작하면 된다.

그림4-5 ⊙ PPT에서 안내선 설정하기

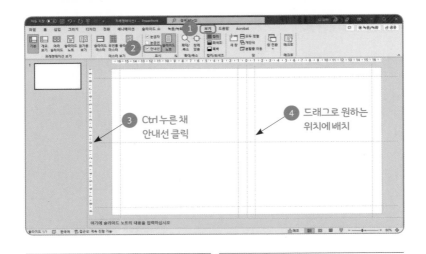

PPT 프로그램 열기 → 보기 탭 → 안내선 박스 체크
→ Ctrl 누른 채 안내선 클릭 → 드래그로 원하는 위치(상하좌우 여백)에 배치

통일성을 예시를 통해 이해해보자. 그림4-6은 통일성을 지키지 않은 나쁜 예시이다. 한 슬라이드 안에서도 여백과 폰트, 색상이 전혀 통일되지 않았다. 그러다 보니 슬라이드가 전체적으로 산만하고 지저분해 보인다.

그림4-6을 통일성에 맞춰 수정해보면 그림4-7과 같다. 먼저 헤드 메시지와 본문, 슬라이드 번호 등 모든 텍스트의 폰트를 한 가지로 통일해주었다. 색상도 회색 톤으로 통일했으며, 여백 라인도 안내선에 맞췄다. 그림 4-6보다 훨씬 깔끔하고 정돈되어 보인다.

그림4-6 ❯ 통일성을 지키지 않은 슬라이드

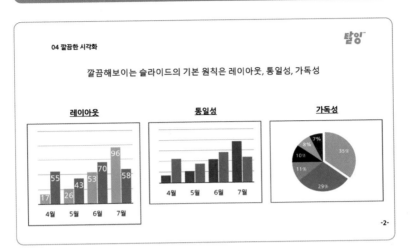

그림4-7 ❯ 통일성을 지킨 슬라이드

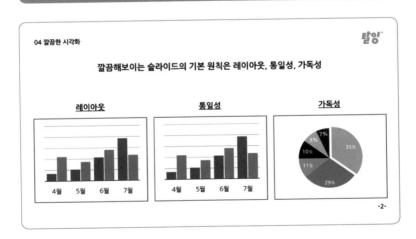

가독성: 보고받는 사람을 배려하는 친절한 보고서의 기본

깔끔한 PPT는 독자가 한눈에 잘 읽을 수 있도록 가독성이 좋아야 한다. 가독성을 높이기 위한 5가지 방법을 예시를 통해 살펴보자. 다만 설명 편의상 예시들이 과장되어 표현되었다는 것을 감안해주시길 바란다.

텍스트는 간결하게 작성한다

전체 슬라이드에서 텍스트는 30%를 초과하지 않는 것이 좋다. 또한 연속해서 2줄이 넘지 않도록 하되, 2줄이 초과되는 경우에는 블릿(•)으로 구분해 서술형으로 문장을 끝맺지 않고, 간결한 개조식으로 작성한다. 여기서 개조식이란 요점만 알기 쉽도록 문장 앞에 번호나 글머리 기호를 붙이고 문장이 명사형으로 끝나도록 짧게 나열하는 방식이다. 이처럼 줄글로 쓰지 않고 불필요한 수식어나 서술어 등을 제거해 개조식으로 글을 쓰면 가독성을 높일 수 있다. 그림4-9처럼 텍스트만 간결하게 정리해줘도 훨씬 가독성이 올라가는 것을 볼 수 있다.

그림4-8 ◐ 가독성이 떨어지는 줄글 서술

04 깔끔한 시각화　　탈잉

깔끔해보이는 슬라이드의 기본 원칙은 레이아웃, 통일성, 가독성

레이아웃

전체 슬라이드에서 텍스트는 30%를 초과하지 않는다. 초과하는 경우에는 워드를 이용하는 것이 더 가독성이 좋다. 색상은 최대 4가지 + 명도를 활용한 변경하고, 줄 간격 1.2배수 / 폰트 고딕 계열 / 숫자 오른쪽 정렬 여백은 넉넉하게 주자. 내용이 너무 많아 여백을 줄 공간이 없는 경우 장표를 나눈다.

통일성

구분	수량	비용
a	10	200
b	100	2500
c	1000	4390
계	1110	7090

가독성

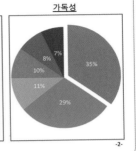

-2-

그림4-9 ◐ 가독성이 높아지는 개조식 서술

04 깔끔한 시각화　　탈잉

깔끔해보이는 슬라이드의 기본 원칙은 레이아웃, 통일성, 가독성

레이아웃

- 텍스트는 30% 미만으로 작성
- 색상은 최대 4가지 + 명도 활용
- 줄 간격 1.2 배수
- 폰트 고딕 계열
- 숫자 오른쪽 정렬
- 여백은 넉넉하게

통일성

구분	수량	비용
a	10	200
b	100	2500
c	1000	4390
계	1110	7090

가독성

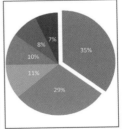

-2-

고딕 계열 폰트에 정렬을 잘 맞춰 쓴다

일반적인 보고 목적의 보고서를 작성할 때는 고딕 계열의 폰트를 사용하는 것이 좋다. 고딕 폰트는 꺾인 곳이 없고, 가로획과 세로획의 두께 차이가 없어 가독성이 좋다. 만약 회사에서 지정해주는 폰트가 따로 없다면 '나눔고딕' '구글 Noto sans' '나눔바른고딕' '열린고딕' 등을 추천한다.

한 가지 더 중요한 포인트는 정렬이다. 제목과 본문의 텍스트는 정렬을 맞출 때 정돈된 느낌을 줄 수 있다. 또한 숫자는 자릿수가 한눈에 파악되도록 반드시 오른쪽 정렬 후 천 단위에 콤마(,)를 추가하는 게 좋다. 그림4-10은 그림4-9에서 폰트와 숫자 정렬을 수정해준 것이다. 전보다 비교적 텍스트와 숫자가 잘 읽힌다. 어떤 사항 두 가지를 비교할 때 역시 그림4-11보다 그림4-12처럼 정렬하면 대비가 더욱 뚜렷해 보인다.

그림4-10 ▶ 고딕 계열 폰트에 정렬을 잘 맞춘 슬라이드

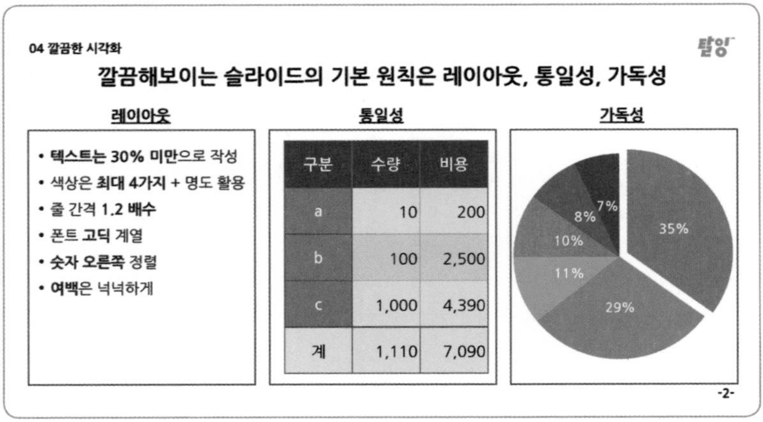

그림4-11 ▶ 두 가지를 비교할 때 - 정렬 수정 전

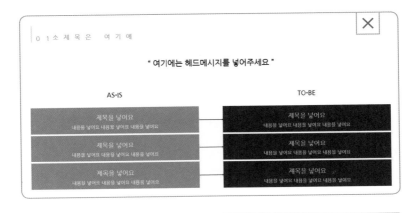

가운데 정렬

그림4-12 ▶ 두 가지를 비교할 때 - 정렬 수정 후

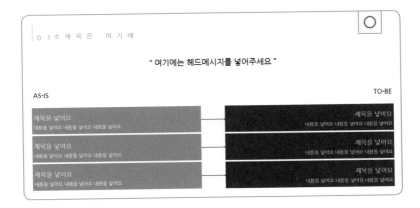

왼쪽 내용은 왼쪽 정렬, 오른쪽 내용은 오른쪽 정렬

PPT 위에서 오브젝트의 라인에 따라 글자를 정렬할 때도 마찬가지다. 오브젝트 라인에 따라 정렬을 맞추지 않으면 오브젝트와 글자가 동떨어져 있는 느낌이 나면서 이미지가 지저분해 보이게 된다. 그림4-13이 바로 그 예다.

그림4-13은 왼쪽 맞춤으로만 글자가 정렬되어 있지만 이를 오브젝트 라인에 맞춰 정렬하면 그림4-14와 같이 훨씬 정돈된 느낌이 든다.

여백은 넉넉하게 준다

디자인 요소들 간의 여백을 넉넉하게 주면 텍스트의 가독성이 높아진다. 텍스트의 줄 간격은 1.2~1.5배수로 충분히 주는 것이 좋다. 줄 간격이란 텍스트 줄과 줄 사이의 간격을 의미하는 것으로, 간격을 조절할 텍스트를 오른쪽 클릭 후 옵션 팝업창이 뜨면 '단락 → 들여쓰기 및 간격 → 간격 → 줄 간격 → 배수 → 값'을 클릭하고, 값에 1.2~1.5를 입력해 조절할 수 있다.

충분한 여백이나 줄 간격은 시선을 디자인 요소와 텍스트로 가게 하기 때문에 가독성을 높여준다. 반면 여백이나 줄 간격이 너무 좁은 경우 답답해 보이고, 텍스트도 잘 읽히지 않는다.

그림4-13 ◐ 오브젝트 라인 따라 글자 정렬을 맞추지 않음

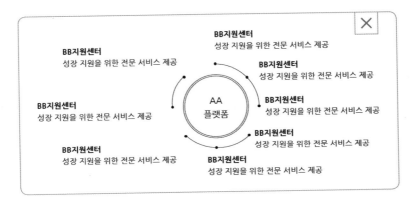

그림4-14 ◐ 오브젝트 라인 따라 글자 정렬을 맞춤

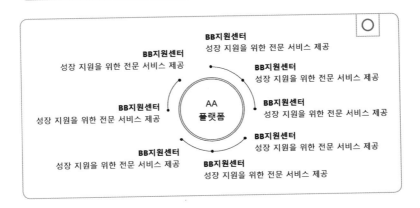

그림4-15 ◐ 요소 간 여백 추가, 텍스트 줄 간격 조정한 슬라이드

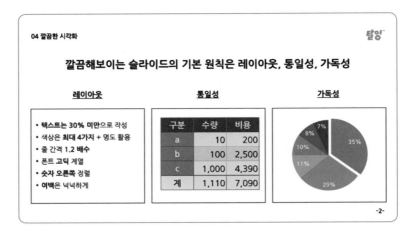

헤드 메시지 위, 아래 등에 여백을 충분히 주면
답답한 느낌은 없어지고 가독성은 올라간다.

그림4-15는 여백과 줄 간격을 충분히 준 상태다. 확실히 직전의 그림
4-10에 비해 답답한 느낌이 줄어들었고 가독성은 높아졌다.

그림4-16 ❯ 4가지 색상+회색조로 색을 제한한 슬라이드

04 깔끔한 시각화　　　　　　　　　　　　　　　　　　　　　탈잉

깔끔해보이는 슬라이드의 기본 원칙은 레이아웃, 통일성, 가독성

레이아웃	통일성	가독성

레이아웃

- 텍스트는 **30%** 미만으로 작성
- 색상은 **최대 4가지** + 명도 활용
- 줄 간격 **1.2 배수**
- 폰트 **고딕** 계열
- 숫자 **오른쪽** 정렬
- 여백은 넉넉하게

통일성

구분	수량	비용
a	10	200
b	100	2,500
c	1,000	4,390
계	1,110	7,090

가독성

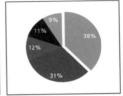

-2-

색상 4가지에 명도를 높인 회색을 추가해
총 5가지 색상으로 색을 제한하니 세련된 느낌을 준다.

색상은 최대 4가지만 사용한다

보고서에서 작성하는 색상의 수는 적으면 적을수록 깔끔하다. 때문에 보고서에서 사용하는 색상은 회색조를 제외하고 최대 4가지를 넘기지 않는 것이 좋다. 만약 색상 구분이 더 필요하다면 4가지 색상 안에서 명도를 변형해 사용한다(4가지 색상을 고르는 방법은 이번 장의 FAQ를 참고하자). 더 많은 색상을 사용하는 경우 보고서가 촌스러워질 수 있다.

중요 포인트는 강조한다

중요한 텍스트나 숫자 등은 볼드나 밑줄, 강조색을 활용해 강조해주는 것이 좋다. 보고서 시각화에 있어서 강조도 매우 중요한 포인트다. 보고서의 수많은 정보 중에서 어떤 점을 신경 써서 봐야 할지 알려주는 표지판 역할을 하기 때문이다.

강조색은 앞서 고른 4가지 색상 중 가장 밝고 눈에 띄는 색으로 선택하면 된다. 그 외에 강조하지 않아도 되는 부분들은 최대한 톤 다운된 색상을 사용한다. 그래야 강조하는 부분이 눈에 잘 들어와 중점적으로 봐야 할 포인트가 명확해져서 정보 전달력이 좋아진다. 따라서 처음 색상을 선택할 때부터 한 가지 색은 강조용으로 밝고 눈에 띄는 색으로, 나머지는 약간 어둡거나 탁한 색상으로 된 색 조합을 꾸리는 것도 좋다.

그림4-17 ▶ 강조 없이 PPT 기본 색상 5가지로 만든 슬라이드

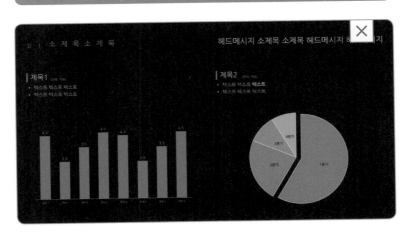

그림4-18 ▶ 회색조+강조색 1개로 만든 슬라이드

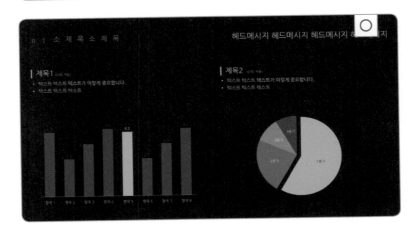

텍스트보다 간결하게!
메시지 유형별 시각화 방법

보고서의 메시지를 텍스트 그대로 보고하기보다 이미지로 시각화해서 보고하는 것이 메시지 전달에 더욱 효과적일 때가 있다. 이렇게 시각화해서 보고할 수 있는 메시지 유형은 대략적으로 '프로세스' '일정' '추세' '비중/비율' '수량/크기 비교' '분류'로 나눠볼 수 있다. 이번 글에서는 이 6가지 유형의 보고서를 어떻게 시각화하면 좋을지 알아보고자 한다.

메시지를 효과적으로 시각화하는 여섯 가지 유형

프로세스

필자는 하나의 프로세스를 시각화할 때 시간의 흐름을 표현하기 위해 오른쪽 방향 화살표를 활용한다. 사람의 시선은 왼쪽에서 오른쪽으로 이동하는 것이 일반적이다. 따라서 프로세스를 설명할 경우 단순히 텍스트로 나타내는 것보다는 화살표를 활용하면 프로세스를 한눈에 파악하기 쉬워진다.

프로세스를 시각화할 때는 도형의 색상과 도형끼리의 간격 역시 고려해야 한다. 단계별로 소요 시간에 따라 도형의 간격을 달리 배치하고, 시간이 흐를수록 디자인 요소를 진한 색으로 바꿔주면서 시간의 경과를 표현해주면 좋다.

다음의 예시는 카드 단말기 설치 요청 프로세스 보고 내용이다. 예시 4-1을 시각화한 것이 예시4-2다. D-7과 D-3의 거리는 멀게, D-3과 D-2의 거리는 가깝게 배치하고, D-day에 가까워질수록 디자인 요소에 진한 색상을 사용해 시간의 경과를 표현했다. 이렇게 표현하면 프로세스를 좀 더 직관적으로 나타낼 수 있다.

텍스트로만 작성한 프로세스 보고

카드 단말기 설치 요청 프로세스

1. 사업자 등록 완료
2. D-7 이메일로 설치 요청
   - 필요 서류: 사업자등록증 사본, 대표자신분증 사본,
     각종 업종별 인허가증 사본 등
3. D-3 카드 가맹 완료
4. D-2 설치
   - 매장 방문 후 설치 및 교육(약 2시간 소요)
5. D-day 매장 오픈

예시4-2 **오른쪽 방향 화살표를 활용한 프로세스 보고**

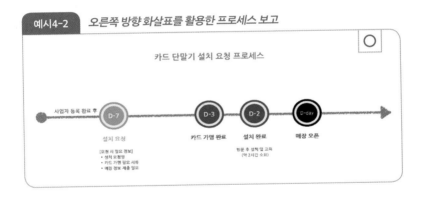

일정

하나의 단계가 끝난 뒤에 다음 단계가 시작되는 프로세스와 달리, 일정은 동시다발적으로 각 단계가 진행된다. 따라서 일정에 대해 보고할 때 텍스트만으로 보고서를 작성하면 프로세스보다 전체 내용을 한눈에 파악하기가 더 어렵다. 따라서 일정을 표현할 때는 갠트차트를 활용하는 것이 좋다.

갠트차트(Gantt-chart)란 프로젝트 일정 관리를 위한 막대 바(Bar)형태의 시각화 도구다. 각 업무별로 일정의 시작과 끝을 그래픽으로 표시해 현 시점에 따른 전체 일정을 한눈에 파악할 수 있으며, 각 업무 사이의 관계를 보여줄 수도 있다.

다음의 예시는 신사업 론칭 일정 보고 내용이다. 예시4-3을 갠트차트로 시각화한 것이 예시4-4다. 행마다 각 업무와 담당 부서를 적고, 열에는 각 업무가 진행되는 기간을 표시한 후 바 형태로 그 기간을 표현해줬다. 바 하단에는 업무마다의 구체적인 시작 날짜와 종료 날짜, 기간을 적었다. 기간은 주말 근무를 하지 않는다고 가정한다면 영업일 기준으로 작성해주는 것도 좋은 방법이다. 그리고 프로젝트 마감일은 별표와 별도 색상으로 강조해줬다.

예시4-3 **텍스트로만 작성한 일정 보고**

신사업 론칭 일정   ✕

- 기획(플랫폼기획팀): 5/1~5/15 (10영업일)
- 디자인(디자인2실): 5/11~5/18 (6영업일)
- 개발(플랫폼개발팀): 5/15~5/27 (9영업일)
- QA(QA팀): 5/27~5/28 (2영업일)
- 5/29 론칭

예시4-4 **갠트차트를 활용한 일정 보고**

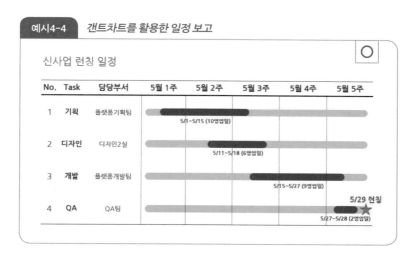

신사업 런칭 일정

No.	Task	담당부서	5월 1주	5월 2주	5월 3주	5월 4주	5월 5주
1	기획	플랫폼기획팀	5/1~5/15 (10영업일)				
2	디자인	디자인2실		5/11~5/18 (6영업일)			
3	개발	플랫폼개발팀			5/15~5/27 (9영업일)		
4	QA	QA팀					5/29 런칭 ★ 5/27~5/28 (2영업일)

추세

추세는 어떤 현상의 시간에 따른 경향성을 보여주는 것으로서 표로 작성하거나 텍스트로만 작성하면 시간에 따른 상승과 하락의 흐름이 잘 파악되지 않는다. 추세를 시각화할 때는 각 데이터 계열을 선으로 이은 꺾은선 그래프가 유용하다.

다음의 예시는 사과 생산량 추이를 나타낸 것이다. 예시4-5를 꺾은선 그래프로 활용하면 예시4-6이 된다. 꺾은선 그래프는 이처럼 보통 실업률 추이, 매출 추이 등 시간의 흐름에 따른 변화를 보여주는 데 자주 사용된다. 구체적인 꺾은선 그래프 작성 방법은 182쪽 '유형별 그래프 작성하기'에서 자세히 설명하겠다.

사과 생산량 추이 (출처: 농림수산식품부)

00년	01년	02년	03년	04년	05년	06년	07년	08년	09년	10년
48.9	40.4	43.3	36.5	35.7	36.8	40.8	43.6	47.1	49.4	51.8

(단위: 만톤)

예시4-6 　꺾은선 그래프를 활용한 추이 보고

사과 생산량 추이 (출처: 농림수산식품부)

(단위: 만톤)

비중/비율

비중이나 비율을 보고할 때도 표로 표현하면 각 항목의 비중이나 비율을 한눈에 비교하기 어렵다. 필자는 비중이나 비율을 시각화할 때 원 그래프를 주로 사용한다.

다음의 예시는 국내 에너지원별 전력 생산 비중을 나타낸 것이다. 예시4-7을 원 그래프로 나타내면 예시4-8이 된다. 원 그래프는 전체 값을 100%로 설정하고, 각 항목이 얼마큼을 차지하고 있는지를 나타낸다. 원 그래프의 장점과 작성 시 유의 사항 역시 187쪽에서 자세히 설명하도록 하겠다.

14년 국내 에너지원별 전력 생산 비중 (출처: 에너지통계연보)

No.	에너지원	비중
1	석탄	39%
2	원자력	30%
3	LNG	22%
4	석유	4.7%
5	수력	1.5%
6	기타	2.8%

예시4-8 **원 그래프를 활용한 비중/비율 보고**

14년 국내 에너지원별 전력 생산 비중 (출처: 에너지통계연보)

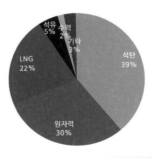

수량/크기 비교

수량이나 크기를 비교할 때도 표로 작성하면 각 항목별 크기를 한눈에 비교하기 어렵다. 이때는 막대 그래프를 활용하는 것이 좋다. 값의 차이가 크지 않다면 Y축의 최솟값을 높여보자. 이렇게 하면 차이가 좀 더 커 보이기 때문에 시각적으로 강조할 수 있다. 또한 이때는 데이터 해석의 왜곡을 막기 위해 막대 그래프 중간에 물결 표시를 넣어 y값이 조정되었다는 것을 표시하자.

예시는 서비스별 방문자 수 비교에 대한 보고 내용이다. 예시4-9를 막대 그래프를 활용해 나타내면 예시4-10이 된다. 막대 그래프의 장점과 작성 시 유의사항 역시 뒤에서 자세히 설명하도록 하겠다.

예시4-9 도표로만 작성한 수량 비교 보고

서비스별 방문자 수 비교

No.	18년	19년	증감률
A	5,239,273	6,287,128	+20%
B	4,284,432	4,550,067	+6.2%
C	3,232,739	3,475,194	+7.5%

예시4-10 막대 그래프를 활용한 수량 비교 보고

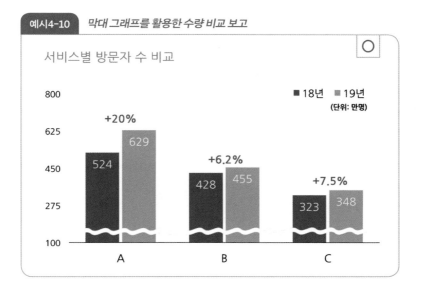

분류

마지막으로 시각화할 메시지 유형은 분류다. 보고서를 작성하다 보면 여러 가지 카테고리로 내용을 분류해서 시각화해야 하는 경우가 생긴다. 이때 필자는 분류된 것의 개수에 따라 슬라이드 영역을 나누어 시각화한다. 만약 3종으로 분류되는 내용이라면 예시4-11처럼 하단의 본문 영역을 3개의 영역으로, 4종이라면 예시4-12처럼 4개의 영역으로 나누는 것이다. 이때 주의해야 할 점은 분류된 각 카테고리는 동일한 레벨이기 때문에 각 영역의 크기를 모두 동일하게 나누어야 한다는 점이다. 또한 상하좌우 대칭이 되도록 영역을 나누고, 각 영역에 들어갈 콘텐츠를 고려해 가로형과 세로형을 선택해야 하는 점도 센스가 필요한 부분이다.

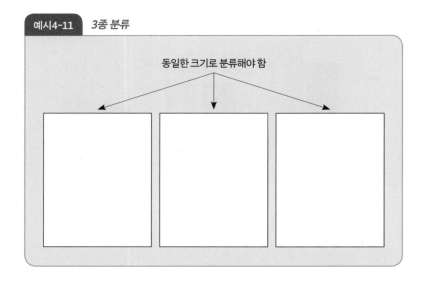

예시4-11 *3종 분류*

가로형

세로형

이번에는 꺾은선 그래프, 원 그래프, 막대 그래프의 유형별 작성 방법을 알아볼 것이다. 우선 설명의 이해를 돕기 위해 그래프의 기본 용어들을 먼저 살펴보자.

- **축**: 그래프 X축(가로축)과 Y축(세로축)을 의미한다.
- **레이블**: 데이터의 값 또는 계열의 이름을 의미하는데, 그림4-19의 막대 그래프에서는 막대 위 숫자가 레이블이다.
- **눈금선**: 그래프의 값을 비교하기 위해 일정한 간격마다 들어간 선이다.

그림4-19 ◐ 그래프 용어

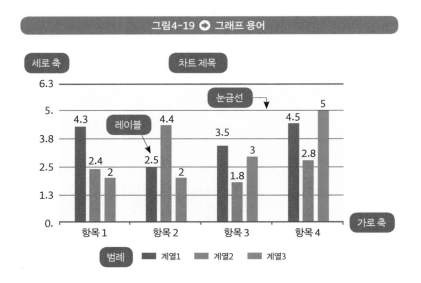

- **범례**: 그래프의 각 항목에 대한 이름을 의미한다. 맨 하단의 계열1, 계열2, 계열3처럼 각 막대가 어떤 항목인지 알려주는 역할을 한다.

꺾은선 그래프 작성 시 유의 사항

꺾은선 그래프는 추세와 추이를 가장 잘 보여줄 수 있는 그래프다. 매출 추이, 구매자 수 추이 등 다양한 주제를 다룰 수 있다. 꺾은선 그래프를 그릴 때는 다음의 6가지를 기억하자.

첫째, 꺾은선 그래프를 사용할 때는 꺾은선 상단에 20~25% 정도의 여백을 두는 것이 좋다. 그래프 제목과 꺾은선의 간격이 너무 좁은 경우, 앞서 '가독성 높이기'에서 설명한 바와 같이 답답해 보일 뿐만 아니라, 그래프의 꺾은선이 눈에 잘 들어오지 않는다.

둘째, 선 개수는 최대 5개까지 표현하고, 이를 초과하면 기타로 묶어준다. 더 많은 개수를 표현하면 그래프가 지저분하고 알아보기도 힘들다. 단, 수치가 낮다고 해서 모두 기타로 묶어서 표현해서는 안 된다. 기타로 묶인 항목들은 중요하지 않다는 전제하에 묶어서 시각화하는 것이다. 만약 수치가 미미하더라도 따로 설명할 필요가 있다면 기타로 묶어주면 안된다.

셋째, 범례명은 선이 끝나는 지점 바로 옆에 작성해주는 것이 그래프를 쉽게 읽는 데 도움이 된다. 범례명을 선 옆에 배치하지 않으면 그래프를 읽을 때 각 선과 범례를 따로따로 찾아봐야 하기 때문에 불편하다. 또한 레이블은 선 색과 동일한 색을 사용해야 각 선과 그 선에 해당하는 레이블이 묶여 보여서 읽기 편리하다.

넷째, 하나의 표 안에서 여러 종류의 표식을 사용하는 것은 지양해야 한다. 다양한 표식을 사용하면 더 선명하게 구분이 될 것 같지만, 정돈되어 보이지 않기 때문에 그래프에 적합하지 않은 선택이다.

다섯째, 만약 레이블이 있다면 눈금선과 세로축은 없는 것이 깔끔하다. 눈금선과 세로축의 역할이 크기를 파악하기 쉽게 하기 위한 것임을 고려한다면, 이와 동일한 역할의 레이블을 중복으로 넣을 필요 역시 없다. 다만 눈금선과 세로축보다 레이블이 훨씬 더 정확하고 상세한 정보를 제공하기 때문에 레이블이 있다면 특별한 이유가 있지 않은 한 눈금선과 세로축은 굳이 필요하지 않다. 깔끔한 보고서일수록 중복된 역할을 하는 항목은 제거하고, 설명하는 데 부족함이 없을 정도로 최소한의 항목만 남긴다는 점을 꼭 기억하자.

여섯째, 레이블이 너무 길어지는 경우, 단위를 조정해 레이블 길이를 줄여주자. 예를 들어 100,000을 수치로 하는 레이블의 경우 그래프 상단에 "단위: 만원"을 추가하고 해당 레이블을 10으로 변경하면 훨씬 더 깔끔하게 그래프를 작성할 수 있다.

그림4-20 ◑ 꺾은선 그래프 작성-나쁜 예

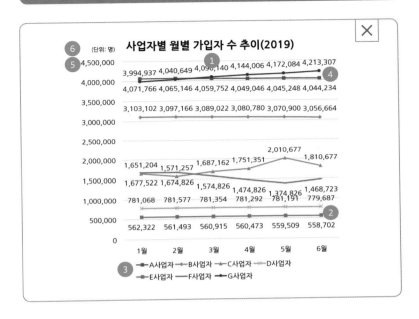

꺾은선 그래프의 나쁜 예를 그림4-20, 좋은 예를 그림4-21로 분류했다. 예시에 붙은 ❶부터 ❻까지의 번호들이 위에서 설명한 첫째부터 여섯째까지의 유의 사항에 해당하는 부분이다. 비교해보면 차이가 확실히 보인다.

그림4-21 ◑ 꺾은선 그래프 작성-좋은 예

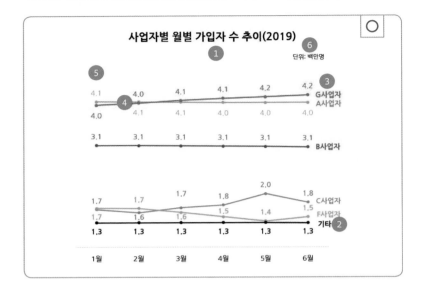

요약 꺾은선 그래프 작성 시 유의 사항

- 꺾은선 그래프는 추세/추이를 가장 잘 보여줌

  (예시) 실업률 추이, 매출 추이, 구매자 수 추이 등

- 그래프 상단에 여백 20~25% 주기

- 선이 여러 개인 경우 범례명은 선 끝 바로 옆에 위치, 레이블은 선 색과 동일한

  색으로 쓰되 다른 레이블과 겹치지 않게 설정

- 선 개수 최대 4개, 4개 초과 시 기타로 분류

- 한 표 내에서 여러 종류의 표식 사용 지양

원 그래프 작성 시 유의 사항

원 그래프는 연령별 인구 구성비, 고객 등급별 구성비 등 다양한 주제로 비중 또는 구성 비율을 표현할 때 사용하면 좋다. 원 그래프를 그릴 때는 다음의 4가지를 기억하자.

첫째, 3D나 그림자 효과는 지양하는 것이 좋다. 간혹 3D나 그림자 등 화려한 효과를 사용하면 멋있는 그래프가 될 거라고 생각하는 경우가 있지만, 3D나 그림자는 파이 크기를 왜곡되어 보이게 할 수 있기 때문 사용하지 않는 것이 좋다.

둘째, 파이는 최대 5개 이내로 작성하되 파이 조각이 5개를 초과하면 크기가 작은 항목들은 기타로 합쳐서 작성한다. 단, 꺾은선 그래프와 동일하게 기타로 묶인 항목들이 중요하지 않다는 것이 전제다.

셋째, 레이블에는 비중(%)과 항목명만 넣고, 원 가운데에 총합계를 넣는 것이 깔끔하다. 이렇게 하면 가독성을 해치지 않으면서, 값을 적지 않고도 대략적인 값 정보를 추론해볼 수 있다. 앞에서 설명했듯이 정보를 많이 넣는다고 해서 더 좋은 그래프가 되지 않는다. 최소한의 항목으로 최대한 표현하는 것이 더 중요하다.

넷째, 강조하고 싶은 파이가 있다면 강조색 또는 파이 떼어놓기를 활용한다. 파이 떼어놓기는 강조하고 싶은 파이를 드래그해서 원하는 만큼 원에서 떼어놓으면 된다.

그림4-22 ➡ 원 그래프 작성-나쁜 예

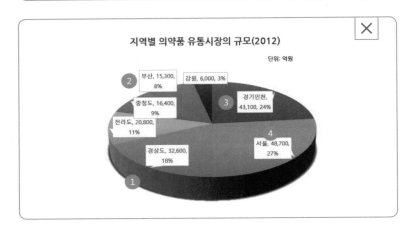

그림4-23 ➡ 원 그래프 작성-좋은 예

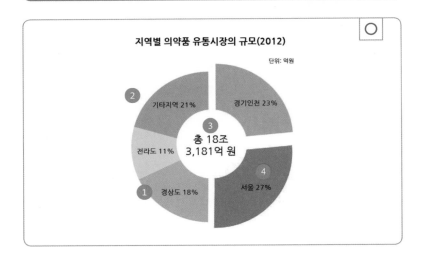

- 원 그래프는 항목별 비중 또는 구성비를 표현할 때 사용

  (예시) 연령별 인구 구성비, 고객 등급별 구성비 등

- 파이는 최대 4개, 4개를 초과 시 나머지는 기타로 분류

- 강조는 색상이나 파이 떼어놓기 활용

- 3D나 그림자 효과 사용은 파이 크기가 왜곡되어 보일 수 있어 지양

- 레이블에는 비율이나 값 중 한 가지 정보만 넣음

  – 원 안에는 총합계를, 파이에는 비율을 넣으면 대략적으로 파이 값 계산 가능

막대 그래프 작성 시 유의 사항

막대 그래프는 상품별 매출, 지역별 생산량, 국가별 인구 등 다양한 주제로 항목별 수량을 비교할 때 사용한다. 막대 그래프를 그릴 때는 다음의 6가지를 기억하자.

첫째, 막대 상단에 전체 그래프의 20~25% 정도 여백을 주는 것이 좋다. 꺾은선 그래프와 마찬가지로 그래프 제목과 그래프 항목 간 간격이 너무 좁은 경우 답답해 보일 수 있다.

둘째, 3D나 그림자 효과는 데이터 끝을 바로 확인하기 어렵기 때문에 사용하지 않는 것이 좋다.

셋째, 항목별 데이터 값의 차이가 크지 않아 그래프로 잘 표현되지 않는다면, 차이가 잘 보일 수 있도록 Y축의 최솟값과 최댓값을 조정한다. 이때는 막대 중앙에 물결 표시를 넣어서 시각적 효과를 위해 데이터를 보정했

음을 표시해줘야 한다. 기본적으로 사람들은 Y축의 최솟값을 0으로 전제하고 그래프를 보기 때문이다.

넷째, 꺾은선 그래프와 마찬가지로 만약 레이블을 적는다면 눈금선과 세로축은 불필요하기 때문에 제거하는 것이 깔끔하다.

다섯째, 중복되는 표현은 제거하고, 범례는 공간이 넉넉한 곳에 배치한다. 그림4-25를 보면 2013년이라는 표현을 각 범례마다 적어줄 필요 없이 그래프 제목에 한 번만 적어주었다.

여섯째, 막대 사이 간격이 너무 넓은 경우 시선이 빈 곳에 머물 수 있으므로 막대보다 막대 사이 간격이 넓지 않도록 조정한다.

요약 막대 그래프 작성 시 유의 사항

- 막대 그래프는 항목별 수량을 비교할 때 사용

  (예시) 상품별 매출, 지역별 생산량, 국가별 인구 등

- 그래프 상단 여백 20~25% 주기

- 3D나 그림자 효과는 데이터 끝을 바로 확인하기 어려워 지양

- 데이터 값의 차이가 크지 않아 차이가 잘 보이지 않는다면 Y축을 조정해서

  차이를 만들어주고, 막대에 물결 표시 삽입

그림4-24 ➡ 막대 그래프 작성-나쁜 예

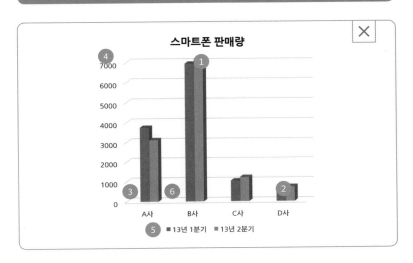

스마트폰 판매량

그림4-25 ➡ 막대 그래프 작성-좋은 예

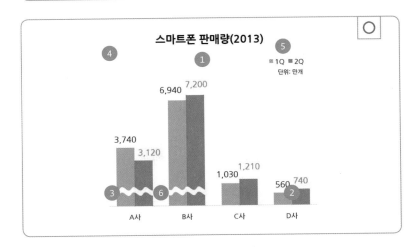

스마트폰 판매량(2013)

메시지에 따라 PPT 장수 나누기

지금까지 기본적인 시각화 원칙에 대해 살펴보았다. 이제 본격적인 PPT 작업을 시작해보자. 그림4-26에서 보이듯 PPT 만들기는 각각의 서브 메시지가 한 슬라이드의 헤드 메시지가 되는 것으로부터 시작한다. 이때 한 슬라이드에는 한 개의 메시지만을 넣는 것이 좋다. 한 슬라이드에 여러 메시지를 넣으면 메시지가 명확하게 잘 전달되지 않는다.

간혹 한 개의 메시지에 해당하는 내용의 분량이 너무 많을 때가 있다. 이때는 최대한 한 슬라이드에 한 개의 메시지만 넣도록 노력해보되 이것이 불가능하다면 슬라이드 장수를 나눠준다.

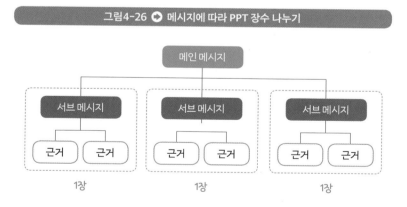

그림4-26 ● 메시지에 따라 PPT 장수 나누기

사무자동화 솔루션 도입 제안서 구성안

> "사무자동화 솔루션 도입에 대해서 경영지원본부장님께 한번 이슈레이징 해보죠"

01	**주장**	사무자동화 솔루션을 도입해야 한다.
02	**근거**	포괄연봉제 폐지로 인건비 상승하여 도입 시 월 3MM, 약 3천만 원의 비용 절감 가능
03	**실행 방안**	1. 일정 2. 필요 리소스: 인력, 비용
04	**의사결정 필요사항**	사무자동화 솔루션 도입에 필요한 인력, 비용에 대한 승인 요청

시각화

이후의 PPT 작업은 앞서 1장부터 실습을 통해 계속해온 보고 예시 "사무자동화 솔루션 도입에 대해서 경영지원본부장님께 한번 이슈레이징 해보죠."를 통해 설명하고자 한다. 지면 한계상 보고서의 전체 내용이 아닌, 구성안(예시4-13) 내용 중 '근거'와 '실행 방안'만을 슬라이드 2장으로 요약해 시각화한다고 가정하겠다.

밑그림 그려보기

PPT를 열어서 작업을 시작하기 전, A4용지에 손으로 PPT의 밑그림부터 그려보는 것을 추천한다. PPT에서 작업하는 것보다 손으로 먼저 그려보는 것이 훨씬 편하고 효율적이다. 또한 A4용지를 4분의 1로 접어서 쓰

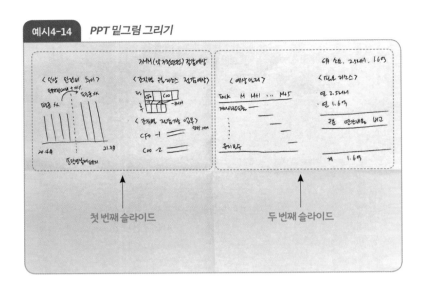

첫 번째 슬라이드   두 번째 슬라이드

면 A4 용지를 적게 사용할 수 있는데, 그렇게 접었을 때의 종이 비율이 PPT의 가로 세로 비율과 비슷하기 때문에 밑그림을 그릴 때 속도감 있게 구성을 짜볼 수 있게 된다.

예시4-14는 필자가 PPT를 본격적으로 작성하기 전, 손으로 그린 PPT 밑그림이다. 빠르게 전체 구성을 한 번 짜보는 것이 목적이기 때문에 굳이 글씨를 예쁘게 쓸 필요는 전혀 없다.

밑그림을 그릴 때는 앞서 설명한 것과 같이 한 장에 한 가지의 메시지만 담는 것이 좋다. 첫 번째 슬라이드는 사무자동화 솔루션을 도입해야 한다는 주장의 근거를 담은 시각화 자료로, 밑그림을 자세히 보면 '포괄 연봉제 폐지로 인당 인건비가 증가했으나 사무자동화 솔루션 도입 시 월

3MM(Man-Month), 약 3천만 원의 인건비 절감이 예상된다'는 메시지를 담았다. 따라서 좌측에는 인당 인건비 추이를 막대 그래프로 표현해 포괄연봉제 폐지 후 인당 인건비 상승을 시각화했다. 그 오른쪽에는 솔루션 도입 시 조직별 월 리소스 변화 예상 수치를 막대 그래프를 이용해 표현했다. 이때 공간의 배치를 고려해 세로가 아닌 가로 막대 그래프를 넣어주었다. 마지막으로 어떤 업무에서 얼마나 비용이 절감될 것으로 예상하는지, 상세 내역을 그 아래에 개조식으로 작성했다.

두 번째 슬라이드에서는 사무자동화 솔루션을 도입해야 한다는 주장에 대한 실행 방안으로서 '도입 기간은 6개월, 연간 인력 2.5MM, 연간 비용 1.6억 원 필요'라는 메시지를 전달하려고 했다. 슬라이드 왼쪽에는 솔루션 도입에 대한 예상 일정을 갠트차트로 표현했고, 오른쪽에는 필요 리소스를 항목별로 설명하기 위해 도표를 그렸다.

이렇게 PPT를 만들기 전에 밑그림을 그리면 PPT의 구성이 어느 정도 나온 것이기 때문에 실제 컴퓨터로 PPT를 만들 때 불필요한 시행착오가 줄어 속도는 더 빠르고, 결과물은 더 정교하게 나온다.

PPT 작업 전 세팅

밑그림 그려보기 외에도 PPT 보고서를 작성할 때 작업 속도를 높여주는 3가지 설정 방법을 알아보자.

그림4-27 ○ 알아두면 좋을 PPT 주요 단축키

Ⓐ 정렬

Ctrl + L: 왼쪽 정렬
Ctrl + R: 오른쪽 정렬
Ctrl + E: 가운데 정렬

Ⓓ Shift 활용

Shift + 방향키: 크기 변경
Shift + 마우스 드래그: 비율 고정&
크기 변경

Ⓑ 서식복사

Ctrl + Shift + C: 서식 복사
Ctrl + Shift + V: 서식 붙여넣기

Ⓔ Ctrl 활용

Ctrl + 마우스 드래그: 복사

Ⓒ 그룹

Ctrl + G: 그룹 지정
Ctrl + Shift + G: 그룹 해제

주요 단축키

PPT의 모든 단축키를 외울 수는 없다. 외우려고 하면 머리만 복잡해지고, 실제 작업할 때 기억도 잘 나지 않는다. 하지만 그림4-27의 5가지 단축키는 최소한 꼭 알아두자. 이 5가지 단축키는 PPT 작업에서 빼놓지 않고 정말 많이 사용하는 기능이기 때문에 모든 단축키를 외우지 않고도 작업 속도를 올릴 수 있다.

정렬&맞춤 기능을 '빠른 실행 도구 모음'에 추가하기

PPT를 많이 써본 사람이라면 알겠지만 '정렬'과 '맞춤' 기능은 PPT에서 참 많이 쓰이기도 하고, 또 정말 많이 쓰여야만 한다. 한 보고서를 작성하는 데 적어도 100번은 쓰게 되는 기능이다. 그런데 이것이 '빠른 실행 도

그림4-28 ▶ 정렬&맞춤 기능 빠른 실행 도구 모음에 추가

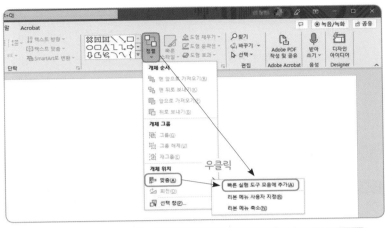

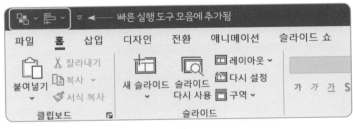

메뉴 탭→ 정렬&맞춤 각각 우클릭→ 빠른 실행 도구 모음에 추가 선택

구 모음'에 추가되어 있지 않으면 기능을 쓰려 할 때마다 매번 따로 클릭해서 메뉴에 들어가야 하기 때문에 불편하다. 쓸 때마다 한 번에 클릭해 사용할 수 있도록 정렬과 맞춤 기능은 미리 빠른 실행 도구 모음에 추가해두자.

폰트 설정

PPT에서 '슬라이드 마스터'를 통해 미리 폰트를 설정해두면 해당 파일에서 작성되는 모든 텍스트의 기본 폰트가 적용되어 따로 폰트를 변경해주지 않아도 된다. 자주 사용하는 폰트가 있다면 슬라이드 마스터에서 폰트 사용자 지정을 미리 해두자.

그림4-29 ● 폰트 설정

보기 탭 → 슬라이드 마스터 → 글꼴 → 글꼴 사용자 지정 → 원하는 글꼴 입력 → 저장

워드·엑셀·이메일·메신저, 프로처럼 보이는 양식별 보고법

이번 글에서는 워드, 엑셀, 이메일, 메신저를 활용한 보고서 작성법을 상세하게 알아본다. 다만 그 전에 경우에 맞는 보고서 양식에 대해 간단히 살펴보도록 하자. 그림4-30에서 볼 수 있듯 워드는 긴 텍스트의 보고서를 작성할 때, 이메일은 짧은 텍스트의 보고서를 작성할 때, 메신저는 급한 텍스트를 보낼 때, 엑셀은 수식이나 숫자가 들어가는 보고서를 만들 때 사용한다.

양식마다의 자세한 작성법을 배우기 전, 이 기본적인 양식별 개념을 알고 있어야 한다. 사실상 모르는 사람이 누가 있겠냐고 생각할 수 있지만 생각보다 양식에 맞게 보고하고 있지 않은 경우도 많다. 지금이라도 보고

그림4-30 ◐ 콘텐츠 유형별 보고 양식

워드		길다
이메일	텍스트	짧다
메신저		급하다
엑셀	수식 or 숫자	

서 작성 시 내가 보고서의 콘텐츠 성격에 적합한 양식으로 보고서를 잘 작성해오고 있었는지 돌아보자.

긴 글도 술술 읽히게 만드는 워드(or 한글) 작성법

MS워드는 A4용지 1장을 초과하는 텍스트 위주의 보고서를 작성할 때 효과적이다. 이때 우리를 프로처럼 보이게 할 수 있는 몇 가지 작성법이 있다.

먼저 눈금자를 활용해 항목별로 들여쓰기를 2칸 정도로 맞춘다. 이러면 문단을 보기가 편해진다. 항목의 제목은 볼드 처리하고, 제목의 글자 크기도 본문보다 2pt 정도 크게 키우면 항목별로 내용 구분이 잘 된다. 기본적으로 글꼴은 고딕 계열로 사용한다. 또 글자 크기는 11pt 내외, 줄 간격은 1.2 내외로 설정하면 보고서가 잘 정돈되어 보이고 가독성이 높아진다. 만약 문장이 길어져 줄바꿈이 된다면 단어 중간에 줄바꿈이 되지 않도록 단어 끝을 고려해 [Shift+Enter]로 줄바꿈을 해준다.

요약은 1~2장 이내에서 전체 보고서 내용을 함축할 수 있도록 맨 앞에 넣어준다. 본문도 5장을 넘어가지 않도록 작성해주는 것이 좋다. 하지만 본문 내용이 너무 길어지는 경우 메시지와 직접적으로 관계 있는 내용만 본문에 남기고, 나머지는 참고 또는 첨부 자료로 빼는 것이 메시지를 좀 더 명확하게 전달할 수 있는 방법이다.

요약 워드 작성법

워드는 A4용지 1장을 초과하는 텍스트 위주의 보고서 작성 시 효과적

- 눈금자를 활용해 항목별 들여쓰기 2칸 맞추기

  (항목 순서) 1. > 가. > 1) > 가) > (1) > (가)…

- 첫 번째와 두 번째 항목 제목에다 볼드 처리 후 폰트 2point 크게 작성

- 본문 폰트 고딕 계열 / 폰트 11point 이상 / 줄 간격 1.2

- 문장이 길어지는 경우 단어 끝 고려하여 [Shift+Enter]로 줄바꿈

- 본문은 1~2장 이내로 두괄식 작성하고, 나머지는 첨부 자료로

예시를 함께 살펴보자. 예시4-15에서 어떤 문제점이 보이는가? 먼저 들여쓰기가 없어 항목별로 구분이 잘 되지 않고, 사용한 폰트도 가독성이 좋지 않다. 또한 줄 간격이 좁아서 답답해 보이고, 단어 중간에 줄바꿈이 되어 있는 탓에 가독성도 떨어진다.

✕

✕ 들여쓰기 없음

주 최대 52시간 노동시간 단축의 효과와 인식 ✕ 줄간격 좁음
- 노동생산성 상승
주당 노동시간이 1% 감소하면 시간당 노동생산성은 0.79% 상승함 ('17년, 예산정책처)
주 40시간 근무제 도입 후 1인당 노동생산성은 1.5% 상승함 ('17년 KDI)
- 일자리 창출 효과
노동시간 단축 시 최대 13만 7천 명~17만 8천 명의 신규 채용이 가능할 것으로 예상 ('17년, 노동연구원)
- 산업재해 감소 ✕ 가독성이 떨어지는 폰트
노동시간 1% 감소 시 재해율 3.7% 감소
제조업은 노동시간 1% 감소 시 재해율 5.3% 감소하는 결과가 있는 것으로 조사되었음 ('05년, 산업안전보건연구원)
✕ 단어 중간에 줄바꿈

출처: 문화체육관광부 정책브리핑, 「노동시간 단축」, 2018.11.19

　　예시4-15에다 지금까지 언급한 내용을 적용해 수정해보면 예시4-16과 같은 모습이 된다. 첫 번째 항목(1.)과 두 번째 항목(가. 나. 다.) 제목에 볼드 처리를 해주었고, 항목별로 들여쓰기를 적용해 내용을 명확하게 구분했다. 또한 줄 간격을 넓혀서 여백을 넉넉하게 주었고, 메시지와 직접적으로 관련이 없는 출처는 폰트 크기를 작게 해 본문의 내용에 집중이 잘 되도록 수정했다. 그 외에도 불필요한 조사나 어미를 제거했다. 이렇게 수정하면 수정 전보다 훨씬 가독성이 높아져 한눈에 잘 들어오는 워드 보고서가 된다.

1. 주 최대 52시간 노동시간 단축의 효과와 인식
　　가. 노동생산성 상승
　　　- 주당 노동시간 1% 감소 시 시간당 노동생산성 0.79% 상승
　　　 ('17년, 예산정책처)
　　　- 주 40시간 근무제 도입 후 1인당 노동생산성은 1.5% 상승함 ('17년 KDI)
　　나. 일자리 창출 효과
　　　- 노동시간 단축 시 최대 13만 7천명~17만 8천명의 신규 채용 가능
　　　 ('17년, 노동연구원)
　　다. 산업재해 감소
　　　- 노동시간 1% 감소 시 재해율 3.7% 감소
　　　- 제조업은 노동시간 1% 감소 시 재해율 5.3% 감소 ('05년, 산업안전보건연구원)

출처: 문화체육관광부 정책브리핑, 「노동시간 단축」, 2018.11.19

PPT만큼 예쁘게 엑셀 작성하는 법

　표, 숫자, 수식이 많은 보고서는 엑셀로 작성하는 것이 효과적이다. 엑셀의 수식을 이용하면 변숫값이 바뀔 때 수식에 따라서 관련한 결괏값들이 자동으로 바뀌기 때문에 따로 값을 일일이 수정할 필요가 없다. 반면 워드나 PPT의 경우 변숫값뿐만 아니라 결괏값까지 하나하나 바꿔야 한다.

　엑셀 보고서 작성을 시작할 때는 먼저 상단과 왼쪽에 여백을 주기 위해 A1셀이 아니라 B2셀에서 시작하는 것이 좋다. 만약 특정 행이나 열을 강조하고 싶을 때는 해당 셀에 입력된 값을 볼드 처리하고 강조색으로 음영을 넣어준다. 글꼴은 다른 형태의 보고서와 마찬가지로 고딕 계열을 사용

하고, 높이는 기본적으로 35픽셀로 설정하면 좋다. 이때 주의해야 할 점은 보고서 안의 모든 숫자에는 꼭 오른쪽 정렬을 적용하고 천 단위마다 콤마(,)를 찍어야 한다는 점이다. 또한 표의 모든 행렬에 테두리를 표시하면 오히려 셀 안의 데이터 읽기를 시각적으로 방해할 수 있으므로, 테두리는 일부 행렬(행 제목 하단, 표의 맨 끝 등)에만 넣는다. 같은 맥락으로 최종 파일에는 눈금선을 없앤 뒤 제출한다(보기 탭 → 눈금선 체크 해제).

요약 엑셀 작성법

표, 숫자, 수식이 많은 경우 엑셀로 작성하는 것이 효과적

• 여백을 주기 위해 B2셀에서 시작

• 항목, 특정 행이나 열을 강조할 때는 음영으로 처리

• 폰트 고딕 계열 / 높이 35픽셀 / 숫자 우측 정렬

• 모든 행렬에 테두리를 넣지 않기

  – 모든 행렬의 테두리는 데이터 보기를 방해함

• 최종 파일에는 눈금선 없애고 제출

예시를 통해서 배운 내용을 적용해보자. 예시4-17의 문제점은 무엇일까? 물론 예시4-17처럼 보고서를 쓰는 분이 많아 현 상태로도 문제없다고 판단하는 분들이 있을 수 있다. 하지만 수정 후의 보고서와 비교해보면 확실히 수정한 것이 훨씬 가독성도 높고 깔끔해 보인다는 것을 알 수 있다.

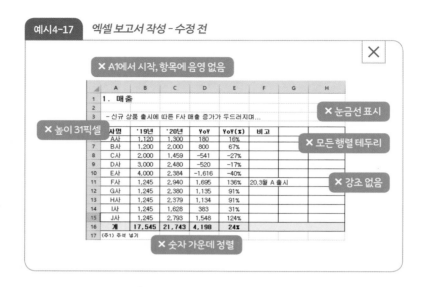

예시4-17 엑셀 보고서 작성 – 수정 전

✕ A1에서 시작, 항목에 음영 없음

✕ 눈금선 표시

✕ 높이 31픽셀

✕ 모든 행렬 테두리

✕ 강조 없음

✕ 숫자 가운데 정렬

사명	'19년	'20년	YoY	YoY(%)	비고
1. 매출					
- 신규 상품 출시에 따른 F사 매출 증가가 두드러지며...					
AA사	1,120	1,300	180	16%	
B사	1,200	2,000	800	67%	
C사	2,000	1,459	-541	-27%	
D사	3,000	2,480	-520	-17%	
E사	4,000	2,384	-1,616	-40%	
F사	1,245	2,940	1,695	136%	20.3월 A 출시
G사	1,245	2,380	1,135	91%	
H사	1,245	2,379	1,134	91%	
I사	1,245	1,628	383	31%	
J사	1,245	2,793	1,548	124%	
계	17,545	21,743	4,198	24%	
(주1) 주석 넣기					

우선 수정 전의 문제점을 살펴보자. 첫 번째, 상단과 좌측에 여백을 두지 않고 보고서가 A1셀에서 바로 시작하고, 셀 높이도 좁은 탓에 전체적으로 답답해 보인다. 두 번째, 강조되는 셀이 없어서 포인트가 되는 부분을 파악하기 어렵다. F사의 매출 증가가 두드러지기 때문에 이 부분을 강조할 필요가 있을 것이다. 세 번째, 눈금선이 표시되어 있을 뿐만 아니라 모든 행렬에 테두리가 그려져 있어 셀 안의 데이터보다는 눈금선으로 시선이 간다. 네 번째, 숫자가 가운데 정렬되어 한눈에 숫자끼리의 크기를 비교하기 어렵다.

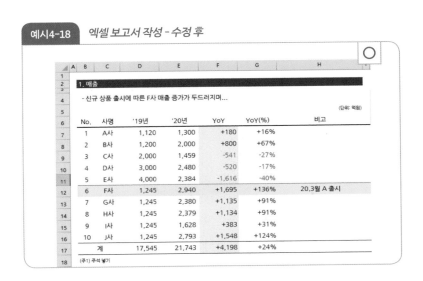

예시4-18 | 엑셀 보고서 작성 - 수정 후

1. 매출

- 신규 상품 출시에 따른 F사 매출 증가가 두드러지며...

(단위: 억원)

No.	사명	'19년	'20년	YoY	YoY(%)	비고
1	A사	1,120	1,300	+180	+16%	
2	B사	1,200	2,000	+800	+67%	
3	C사	2,000	1,459	-541	-27%	
4	D사	3,000	2,480	-520	-17%	
5	E사	4,000	2,384	-1,616	-40%	
6	F사	1,245	2,940	+1,695	+136%	20.3월 A 출시
7	G사	1,245	2,380	+1,135	+91%	
8	H사	1,245	2,379	+1,134	+91%	
9	I사	1,245	1,628	+383	+31%	
10	J사	1,245	2,793	+1,548	+124%	
	계	17,545	21,743	+4,198	+24%	

(주1) 주석 넣기

이를 개선하면 예시4-18처럼 된다. 먼저 A열과 1행에 여백을 주고, 셀 높이를 35픽셀 이상으로 높여주었다. 두 번째, YoY나 가장 급성장한 F사 등 강조가 필요한 항목에 음영을 넣어 강조해주었다. 세 번째, 눈금선을 없애고 열 이름 하단과 '계'의 상하단에 실선을 넣어 테두리보다는 셀 안의 데이터에 시선이 가도록 수정했다. 또한 5번째 라인에 점선을 넣었는데, 이는 우리가 십진법을 사용하기 때문에 5단위, 10단위에 익숙해 5개 단위로 끊어 점선을 넣어준 것이다. 마지막으로 숫자를 오른쪽 정렬로 수정해 숫자 간의 크기를 한눈에 비교할 수 있도록 했다. 이렇게 작성하면 엑셀도 충분히 PPT만큼 가독성을 높일 수 있다.

수신자가 한 번에 알아듣게 이메일 쓰는 법

이메일은 A4용지 기준 1장 미만 분량의 텍스트 위주 콘텐츠이면서 관계자들끼리 수신 확인, 내용 공유 및 히스토리 관리가 필요한 경우에 사용하면 효과적이다.

메일 제목은 "[(강조)] (용건)"으로 구성해 제목만 보고도 용건이 무엇인지 바로 파악할 수 있도록 작성해야 한다. 여기서 '[(강조)]'란 메일 수신인이 꼭 알아야 하는 내용 등을 적어주는 것으로, 예를 들어 [소속] [긴급] [Gentle reminder] 등이 있다. [소속]을 넣는 경우는 타 팀에게 업무 협조 요청을 보낼 때 어느 부서에서 요청하는 것인지 강조하기 위한 목적이다. [Gentle reminder]는 요청 업무를 상기시키는 것을 의미한다. 수신자가 이메일을 확인하지 않거나, 읽은 후 답변이 없는 경우, 또는 수신자로부터 별도의 진행 사항을 공유받지 못한 경우 등 마감일 준수 여부를 확신하기 어려운 상황에서 마감일 1~2일 전에 마감일과 해당 메일 내용을 다시 보낼 때 활용한다.

이메일 본문도 역시 두괄식으로 작성해야 한다. 간단한 안부 인사 후에 두괄식으로 용건을 설명하고, 첨부파일을 설명한 다음, 마무리 인사를 하는 식이다. 지나치게 긴 안부 인사와 미사여구는 업무 목적으로는 알맞지 않다.

수신처를 입력할 때도 주의해야 한다. 수신자에는 해당 내용과 직접적으로 관련된 실무자만 넣고, 그 외 사람들은 참조로 넣는다. 그렇지 않으면 관련 실무자가 아닌 수신자가 메일을 받은 후, 자신에게 업무 요청이 왔다고 오해할 수 있기 때문이다. 또한 메일 발송 전 첨부파일이 빠지지는 않았는지, 오타는 없는지 한 번 더 점검하는 것도 필수다. 메일을 보낸 뒤 "죄송합니다. 첨부파일이 누락되어 재송부드립니다."라는 메일을 보내기 싫다면 말이다. 또한 첨부파일은 발송자뿐만 아니라 수신자도 못 보는 경우가 많기 때문에 본문에 어떤 파일이 첨부되어 있는지도 메일 안에서 언급해주는 것이 좋다. 만약 수신자가 특정한 양식으로 파일을 만들어줘야 해서 그 양식을 첨부파일로 보냈다면 그 양식으로 파일을 작성하는 법도 적어주는 것을 잊지 말자. 메일 본문에도 어떤 시트에 어떤 항목을 작성해야 하는지 요약해서 적어주고, 파일 안에는 디테일한 설명을 추가해주는 것이 좋다.

메일 맨 하단에는 작성자의 이름과 소속, 연락처가 포함된 서명을 꼭 넣어주자. 수신자가 메일만 읽고 100% 이해하는 것이 쉽지 않기 때문에 서명의 연락처로 문의를 할 수 있도록 할 뿐만 아니라 어느 팀에서 해당 메일을 보냈는지 수신자가 파악할 수 있도록 돕는 목적이다. 연락처가 없는 경우, 질문을 하기 위해서는 메일의 답을 기다리거나 조직도의 연락처를 찾아 연락해야 하기 때문에 수신자 입장에서는 매우 번거롭다.

요약 이메일 작성법

이메일은 A4용지 1장 미만 분량의 텍스트 위주 & 수신 확인 및 히스토리 관리가

필요한 경우 효과적

- 제목: [소속], [긴급], [Gentle reminder] + 용건(20자 내외)

  – 제목만 보고도 용건이 무엇인지 바로 파악할 수 있도록 작성

- 내용: 용건을 두괄식으로 작성

  – 간단한 안부 인사 → 용건 설명(두괄식) → 첨부파일 리스트 설명 → "감사합니다."

- 수신처: 직접 관련된 실무자만 입력, 그 외는 참조 걸기

- 메일 발송 전, 첨부파일과 오타 확인은 필수

- 서명은 반드시 첨부

예시4-19를 살펴보자. 메일은 일단 보내고 나면 '박제'되는 것이기 때문에 예시와 같은 실수를 하지 않도록 항상 주의해야 한다.

예시4-19에서 눈에 띄는 문제점은 총 4가지다. 첫 번째, 제목에 용건이 아닌 소속을 작성해 제목에서 바로 용건을 파악하기 어렵다. 두 번째, 인사말이 지나치게 길고, 비격식적인 문자 언어(ㅎㅎㅎ, ㅠㅠㅠ)가 많다. 세 번째, 메일 본문에 어떤 파일이 첨부되었는지 설명 없이 작성만을 요청하고 있다. 네 번째, 서명이 없어서 발신자에 대한 정보를 파악하기 어렵다.

예시4-19 *이메일 작성 – 수정 전*

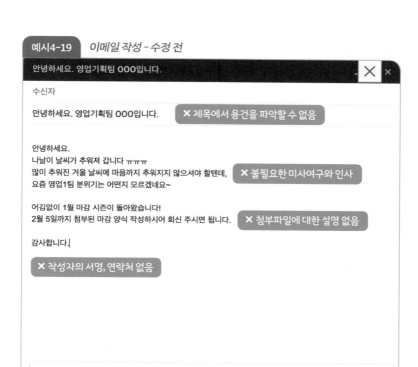

안녕하세요. 영업기획팀 OOO입니다.

수신자

안녕하세요. 영업기획팀 OOO입니다.　✕ 제목에서 용건을 파악할 수 없음

안녕하세요.
나날이 날씨가 추워져 갑니다 ㅠㅠㅠ
많이 추워진 겨울 날씨에 마음까지 추워지지 않으셔야 할텐데,　✕ 불필요한 미사여구와 인사
요즘 영업1팀 분위기는 어떤지 모르겠네요~

어김없이 1월 마감 시즌이 돌아왔습니다!
2월 5일까지 첨부된 마감 양식 작성하시어 회신 주시면 됩니다.　✕ 첨부파일에 대한 설명 없음

감사합니다.

✕ 작성자의 서명, 연락처 없음

보내기

[영업기획팀] XX년 X월 마감 데이터 요청드립니다.

수신자

[영업기획팀] XX년 X월 마감 데이터 요청드립니다.

안녕하세요. 영업기획팀 OOO 입니다.
XX년 X월 전사 영업 실적 마감을 위하여 하기와 같이 **영업1팀의 마감 데이터 요청**드립니다.

> **1. 요청 내용**
> 　가. 대상 기간: XX년 X월 1일 ~ X월 31일
> 　나. 내용: 영업1팀 매출, 비용(연동비, 간접비 모두 포함)
> 　다. 작성 방법: 첨부 파일 내 "작성법 sheet" 참조
>
> **2. 요청 기한:** XX년 XX월 XX일 오후 5시
>
> **3. 요청 사유**
> 　가. 영업1팀 X월 실적 마감 및 분석
> 　나. 전사 영업 실적 취합
>
> **※ 첨부파일:** XX년 X월 마감 양식_영업1팀.xlsx

문의사항 있으시면 연락 주세요.
감사합니다.

OOO 드림

\-----------------------------------
OOO
(주) XXXX ㅣ 영업기획팀 ㅣ 대리
Phone:
Fax:
E-mail:
\-----------------------------------

보내기 ▾

이를 업무에 적합한 메일로 개선해보면 예시4-20과 같다. 먼저 제목만 보고도 어떤 목적으로 메일을 보냈는지 파악할 수 있도록 제목을 수정했다. 비격식적인 표현은 제거하고, 간략하게 이름과 소속만을 밝히며 인사했다. 본문 내용은 개조식으로 요청 내용과 요청 기한, 요청 사유를 간결하게 작성했다. 첨부파일에 대해 언급해주었다(매달 정기적으로 작성하는 데이터라고 가정해 첨부파일 작성법에 대한 내용은 본문에서 제외했다). 서명을 추가해 발신자에 대한 정보를 바로 파악할 수 있게 했다.

빠르고 명확하게 메신저 피드백 하는 법

짧은 텍스트로 빠르게 피드백을 해야 할 때는 메신저가 효과적이다. 메신저 작성은 일반 보고서와 마찬가지로 두괄식 구성이 기본이다. 또한 메신저를 이용한 커뮤니케이션에서 가장 중요한 건 속도다. 메신저로 질문이나 요청이 온다는 건 그만큼 시급하다는 의미다. 따라서 메신저는 빠르게 정리해 피드백하는 것이 좋다. 자세한 내용을 정리하는 데 시간이 많이 소요된다면 간략한 답변을 먼저 보낸 후, 이후 상세하게 정리해서 보낼 수도 있다.

여기서 주의해야 할 점은 짧은 메시지를 여러 번 보내는 것이 아니라 한번에 정리해서 보내는 것이다. 짧게 여러 번 보내면 수신자 입장에서 알림이 계속 오기 때문에 번거롭다. 또한 메신저에서는 볼드나 밑줄 등 텍스트

서식을 사용하기 어렵기 때문에 들여쓰기와 줄바꿈으로 가독성을 높여야 한다. 필요한 경우 표와 이미지는 캡처해 별도로 발송한다.

요약 메신저 작성법

메신저는 짧은 텍스트로 긴급하게 피드백을 해야 할 때 효과적

- 일반 보고서와 동일하게 메시지가 전개되어야 함

- 최대한 빠르게 확인해서 답변하기

- 짧게 여러 번(X), 길게 한 번에(O)

- 들여쓰기와 줄바꿈으로 가독성 제고

- 필요한 경우 표와 이미지는 캡처해 별도로 발송

예시를 통해서 살펴보자. 예시4-21의 문제점은 무엇일까?

첫 번째, 피드백이 늦었다. 메신저로 온 연락은 우선순위를 높여서 최대한 빠르게 대답하되, 바로 답변을 주기 어렵고, 추가 확인이 필요하다면 언제까지 답변을 줄 수 있는지라도 먼저 답장해주는 것이 좋다. 두 번째, 한 문장씩 끊어서 전송했다. 수신자는 총 6번의 알림을 받았을 것이며, 여러 번의 알림 소리 때문에 굉장히 번거로웠을 것이다. 세 번째, 개조식이 아닌 줄글로 작성해 가독성이 떨어졌다.

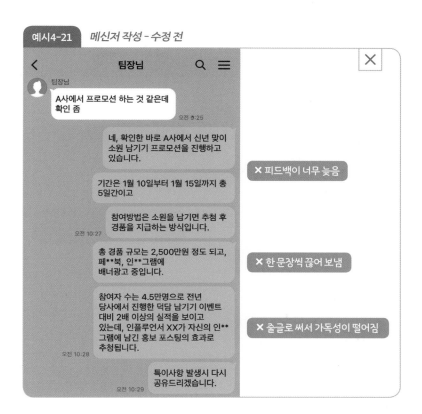

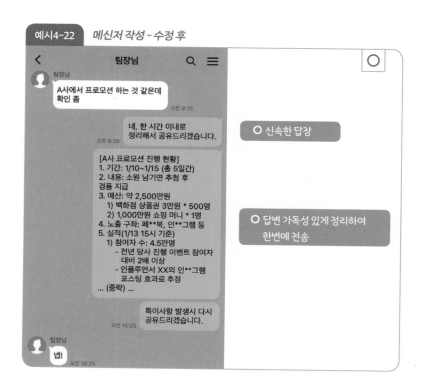

예시4-22　메신저 작성 – 수정 후

팀장님

> 팀장님
> A사에서 프로모션 하는 것 같은데
> 확인 좀
> 오전 9:25

> 네, 한 시간 이내로
> 정리해서 공유드리겠습니다.
> 오전 9:26

○ 신속한 답장

> [A사 프로모션 진행 현황]
> 1. 기간: 1/10~1/15 (총 5일간)
> 2. 내용: 소원 남기면 추첨 후
> 경품 지급
> 3. 예산: 약 2,500만원
> 　1) 백화점 상품권 3만원 * 500명
> 　2) 1,000만원 쇼핑 머니 * 1명
> 4. 노출 구좌: 페**북, 인**그램 등
> 5. 실적(1/13 15시 기준)
> 　1) 참여자 수: 4.5만명
> 　　- 전년 당사 진행 이벤트 참여자
> 　　 대비 2배 이상
> 　　- 인플루언서 XX의 인**그램
> 　　 포스팅 효과로 추정
> ... (중략) ...

○ 답변 가독성 있게 정리하여
　 한번에 전송

> 특이사항 발생시 다시
> 공유드리겠습니다.
> 오전 10:25

> 팀장님
> 넵!
> 오전 10:25

　이를 개선하면 예시4-22가 된다. 메시지를 받은 뒤, 언제까지 확인해서 회신할 수 있을지 바로 답장했다. 답장한 대로 한 시간 이내로 답변을 정리해서 한 번에 전송했으며, 들여쓰기와 줄바꿈을 적절히 활용해 정보도 훨씬 눈에 잘 읽힌다. 메신저 작성도 업무의 연장선이라는 점을 꼭 기억하자.

PPT를 좀 더 잘 만들고 싶어요

> **"PPT 색상 고르는 법이 궁금해요"**

PPT에서 포인트 색상 고르기는 모든 직장인의 고민거리다. 전공자가 아닌 이상 보통의 우리는 색에 대해 정식으로 공부해본 적이 없기 때문이다(물론 공부했어도 어려웠을 것이다). 이는 우리가 화면 안에서 조화로우면서도 안정적으로 어울릴 색상 조합을 자력으로 뽑아내기 어렵다는 의미다. 그렇기 때문에 디자이너들이 이미 뽑아놓은 색상 레퍼런스들이 매우 중요하다. 우리는 시각화 또는 디자인 전문가인 디자이너들이 사용한 색상 조합을 벤치마킹하면 된다.

필자는 보고서 작성을 위해 디자인이나 색 조합을 깊이 공부해 전문가 수준이 될 필요는 없다고 생각한다. 보고서에서 가장 중요한 것은 디자인이 아니라 콘텐츠(내용)에 있기 때문이다. 물론 같은 내용이더라도 디자인까지 잘 신경 쓴 보고서와 그렇지 못한 보고서의 차이는 엄청나다. 그러나 디자인 전문가가 되기 위해 리소스를 투입하는 것보다는 동일한 리소스를 메시지나 문서 구성에 투입한다면 디자인에 리소스를 투입했을 때보다 상대적으로 더 좋은 퀄리티의 보고서를 낼 수 있다. 경제학에서 흔히 말하는 '비교우위'를 떠올려보면 된다. 상대적으로 중요하고 잘하는 것에 집중하고, 잘 못하는 건 벤치마킹하자. **절대로 PPT에서 기본으로 제공하는 색상을 그대로 사용하거나, 마음에 드는 색상을 하나하나 선택하지 말자.**

우리는 어떤 디자인 요소가 더 깔끔하고 가독성이 좋은지, 어떤 디자인이 한 페이지 안에서 조화를 잘 이루어 안정감을 주는지 판단하는 감각만 있으면 된다. 이 디자인적 감각은 사람마다 태생적인 차이가 없다고 이야기하기는 어렵다. 다만 디자인 감각이 없는 사람도 훈련으로 충분히 쌓을 수 있다. 주변에서 좋다고 이야기하거나 내가 좋다고 생각하는 디자인을 많이 보는 것이 관건이다. 이것이 디자인 보는 눈을 기르는 지름길이다. 이때 주의할 점은 '좋다=예쁘다'가 아니라 '좋다=깔끔하고, 가독성 좋고, 조화롭다'가 판단 기준이 되어야 한다는 점이다.

디자인을 직관적으로 잘 볼 수 있게 구성되어 있는 사이트 2곳을 소개하고자 한다. 여러 디자인 레퍼런스 사이트 중에서 이 두 사이트를 소개하는 이유는 직관적인 UI 때문이다. 전체 PPT가 아닌, 단순히 색 조합만 보여주는 사이트들(Adobe color, Brandcolors, LOL Colors 등)은 초심자에게 추천하지 않는다. 전체 PPT에서 이 색들이 어떻게 구성되어 조화로워지는지 색 조합만 봐서는 파악하기 어렵기 때문이다. 경험이 쌓여 색 조합만 보고도 대략 PPT에 어떻게 반영될지 파악할 수 있는 정도가 된 이후에는 색 조합만 보여주는 사이트를 참고하는 것도 추천한다.

디자인 레퍼런스는 핀터레스트와 프리픽, 이 2개의 사이트에서 예쁜 것이 아니라 깔끔하고 가독성이 좋은 템플릿 위주로 검색해 색상과 디자인을 잘 벤치마킹한다. 또한 색의 종류는 그래프가 많다면 4가지 색, 그래프가 많지 않다면 2~3가지 색이 있는 템플릿을 고르는 것이 좋다.

그림4-31 ◑ 핀터레스트&프리픽: 디자인 레퍼런스

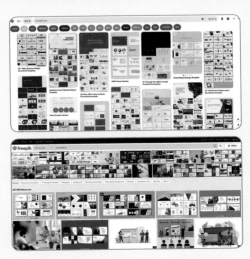

출처: 핀터레스트(Pinterest), 프리픽(Freepik)

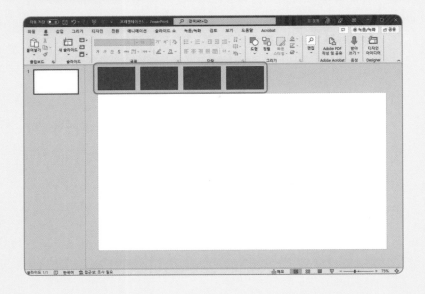
그림4-32 ▶ 색상 팔레트로 사용하는 사각형들

사이트에서 좋은 템플릿을 골랐다면 이제 색상을 추출해야 한다. 색상을 추출하는 방법은 간단하다. 먼저 PPT 빈 화면에 사각형 도형을 삽입한다. 그리고 슬라이드 바깥쪽에 보고서에서 쓸 색의 개수만큼 사각형 도형을 복사한다. 이때 사각형은 색상의 팔레트로 사용할 것이기 때문에 사실상 사이즈와 모양은 전혀 상관없다.

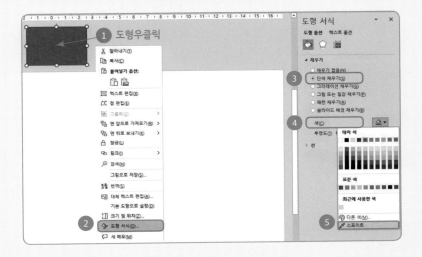

그림4-33 ◐ PPT에서 마우스 커서를 스포이트로 만들기

그다음 [도형 우클릭 → 도형 서식 → 채우기 → 단색 채우기 → 색 →
스포이트]를 클릭한다.

그림4-34 ▶ 웹사이트에서 스포이트 색상 추출하기

PPT 화면에서 마우스 커서가 스포이트 모양(✎)으로 바뀐 것을 확인한
다. 그다음 PPT 프로그램 안에서 마우스 좌클릭을 누른 상태로 추출하고
자 하는 웹사이트로 마우스를 이동한다. 그다음 미리 웹사이트에서 띄워둔
색깔 위에서 손가락을 떼어 좌클릭을 푼다. 그럼 그 즉시 도형의 색이 방금
전 마우스 커서, 즉 스포이트가 놓여 있던 색으로 바뀐다.

그림4-35 ▶ 가장 눈에 띄는 색상을 강조용으로 사용

마지막으로 4가지 색상을 다 추출했다면 이 중에서 가장 눈에 띄는 색
상을 강조용으로 사용한다.

“꼭 제출하고 나서야 오타가 보여요”

보고서를 작성할 때 오타가 생기는 것은 당연하다. 그런데 문제는 오타가 꼭 보고서를 제출하고 나면 보인다는 것이다. 이는 한 문서를 계속 보다 보면 눈에 익숙해져서 오타가 잘 보이지 않기 때문이다. 따라서 중요한 보고서라면 제출하기 전에 작성자가 아닌 타인과 크로스 체크를 해야 한다. 그러나 내 보고서를 꼼꼼히 봐줄 줄 타인이 없는 경우가 대부분일 것이다. 그러니 우리는 **맞춤법 검사기나 출력 등을 통해 스스로 더블 체크를 해야 한다.**

PPT의 경우 검토 탭에 맞춤법 검사 기능이 있기 때문에 보고서가 완성되면 제출 전에 간편하게 맞춤법 검사를 할 수 있다. 필자의 경우는 맞춤법 검사를 끝낸 뒤에도 출력해서 보면서 다시 한 번씩 검토하곤 한다. 아무리 모니터로 보는 것이 익숙해졌다고 하더라도 실제 종이로 출력했을 때는 또 다르게 보이기 때문에 모니터에서 보이지 않던 오타가 눈에 더 잘 띈다.

그림4-36 ➔ PPT 검토 탭의 맞춤법 검사 기능

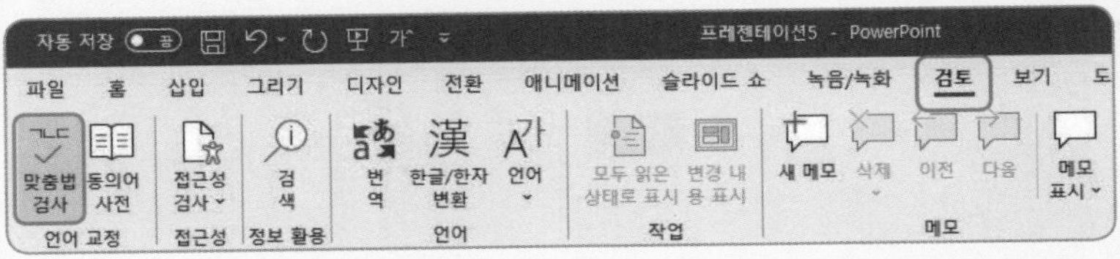

PPT 외의 워드나 이메일은 다음이나 네이버 등 각종 포털 사이트에서 제공하는 맞춤법 검사기를 이용한다. 오타, 띄어쓰기 등을 한 번에 확인할 수 있다. 단, 내부 서비스명이나 용어를 오타로 잘못 검사해주는 경우가 왕왕 있는데, 그런 경우는 무시하고 넘어가면 된다.

맞춤법 외에 숫자와 단위도 원 출처 자료와 맞는지 다시 한번 확인해보는 것이 좋다. 원 출처 자료에서 숫자와 단위를 가지고 왔지만 보고서를

그림4-37 ◐ 다음(DAUM)과 네이버(NAVER)의 맞춤법 검사기

맞춤법 검사기 *Beta*   오류 제보

맞춤법 검사를 원하는 단어나 문장을 입력하세요.

0/1400Byte (한글 700자)   검사하기

네이버 맞춤법 검사기 *Beta*   교정 결과 오류 제보

원문

맞춤법 검사를 원하는 단어나 문장을 입력해 주세요.

0/500자   검사하기

네이버에서 제공하는 우리말 맞춤법 검사기입니다.

작성하는 과정에서 차이가 나거나 오류가 생기는 일도 많다. 숫자와 단위를 보고서에 잘못 쓰는 경우 보고서 전체의 신뢰성을 떨어뜨릴 수 있으니 반드시 주의하자.

"제가 그린 표가 잘 안 보인대요"

표를 더 잘 보이게 그리고 싶을 때는 딱 한 가지만 기억하자. **가장 중요한 구분을 맨 앞의 열로 보내 그룹화하는 것이다.**

예를 들어보자. 우리 그룹사의 주요 사업을 설명하기 위해서 관계기업 및 자회사의 지분 현황을 표로 그린다고 가정해보자.

보통은 뒷장의 예시4-23과 같이 단순히 회사별로 항목을 쭉 나열한다. 이렇게 되면 어떤 회사가 어떤 사업을 하는지는 개별적으로 읽힌다. 즉 'A사는 의료기기 판매, B사는 의료기기 제작, C사는 화장품 제조 및 판매'라는 식으로 정보가 각각 읽히는 것이다. 하지만 우리 보고서의 목적은 회사별로 어떤 사업을 하는 것이 아니라 우리 그룹이 어떤 사업을 하는지다. 따라서 예시4-23처럼 표를 작성하면 전체적인 사업 분야를 구조화해서 보기가 어렵다.

필자는 다음의 방법을 추천한다. 가장 중요한 구분을 맨 앞의 열로 보내 그룹화하는 것이다. 이 보고서에서 가장 중요한 구분은 '주요 사업'이지, 사명이 아니다. 따라서 예시4-24처럼 번호를 제외한 맨 첫 번째 열에

관계기업 및 자회사 지분 현황 (목적: 주요 사업 설명)　　　　　　　　　　✕

번호	사명	지분율	주요 사업
1	A사	24.5%	의료기기 판매
2	B사	12.5%	의료기기 제작
3	C사	23.6%	화장품 제조 및 판매
4	D사	34.2%	의료기기 제작
5	E사	12.5%	의료기기 판매
6	F사	38.4%	화장품 제조 및 판매
7	G사	42.1%	화장품 케이스 제작
8	H사	32.7%	화장품 제조 및 판매
9	I사	9.3%	의료기기 판매

↑
└ 사명으로 정렬되어 있어 어떤 사업을 영위하는지 한눈에
　보기 어려움

는 주요 사업 열을 넣어 묶어준다. 그러면 각각의 회사가 어떤 사업들을 영위하는지, 반대로 각각의 사업을 영위하는 회사는 어느 곳인지가 명확하게 보인다. 만약 주요 사업이 회사별로 다 다르다면 상위의 카테고리로 묶어주면 된다. 예를 들어 의료기기와 화장품이라는 두 가지 상위 카테고리를 만들어 번호를 제외한 맨 앞 열에 넣어주면 좀 더 구조화하기 쉬워진다.

| 예시4-24 | 관계기업 및 자회사 지분 현황 – 수정 후 |

관계기업 및 자회사 지분 현황 (목적: 주요 사업 설명)

번호	주요 사업	사명	지분율
1	의료기기 판매	A사	24.5%
2		E사	12.5%
3		I사	9.3%
4	의료기기 제작	D사	34.2%
5		B사	12.5%
6	화장품 제조 및 판매	F사	38.4%
7		H사	32.7%
8		C사	23.6%
9	화장품 케이스 제작	G사	42.1%

└─ 회사별로 주요 사업이 다 다르다면 이 위치에 상위 카테고리 삽입. 이 경우 1번부터 5번까지를 '의료기기'로, 6번부터 9번까지를 '화장품'으로 묶을 수 있다.

신입 때 알았더라면 좋았을
보고서 잘 쓰는 법

초판 4쇄 발행 2025년 2월 3일
초판 1쇄 발행 2022년 9월 29일

지은이 신가영
발행인 손은진
개발책임 김문주
개발 김민정 정은경
제작 이성재 장병미

발행처 메가스터디(주)
출판등록 제2015-000159호
주소 서울시 서초구 효령로 304 국제전자센터 24층
전화 1661-5431 팩스 02-6984-6999
홈페이지 http://www.megastudybooks.com
출간제안/원고투고 writer@megastudy.net

ISBN 979-11-297-0823-6 13320

이 책은 메가스터디(주)의 저작권자와의 계약에 따라 발행한 것이므로
무단 전재와 무단 복제를 금지하며, 이 책 내용의 전부 또는 일부를 이용하려면
반드시 저작권자와 메가스터디(주)의 서면 동의를 받아야 합니다.
잘못된 책은 구입하신 곳에서 바꾸어드립니다.

메가스터디BOOKS
'메가스터디북스'는 메가스터디㈜의 출판 전문 브랜드입니다.
유아/초등 학습서, 중고등 수능/내신 참고서는 물론, 지식, 교양, 인문 분야에서 다양한 도서를 출간하고 있습니다.